LE NOTAIRE DU HAVRE

D1644097

GEORGES DUHAMEL
by
Berthold Mahn

LE NOTAIRE
DU HAVRE

BY

GEORGES DUHAMEL

EDITED BY

ANTONY BRETT-JAMES M.A.

with the collaboration of

M. SHACKLETON M.A.

MODERN WORLD LITERATURE SERIES

HARRAP   LONDON

First published in Great Britain 1952
by GEORGE G. HARRAP & CO. LTD
182 High Holborn, London WC1V 7AX

Reprinted: 1954; 1955; 1957; 1959; 1961;
1962; 1963; 1964; 1965; 1978; 1979

ISBN 0 245 53098 3

Printed in Great Britain by
Billing & Sons Limited, Guildford, London and Worcester

CONTENTS

Introduction   page 7

Le Notaire du Havre   45

Notes   223

INTRODUCTION

The period between the two world wars, dominated by the continued activity and influence of Gide and Proust, Claudel and Valéry, is one of the richest in French literature. These great writers, all of them born around the year 1870, had begun their literary careers well before the turn of the century. Towards the end of the First World War they were being joined by a younger generation who, though their pre-war reputations had been comparatively limited, were already in their middle thirties and in possession of mature talents. It is to this generation—which includes Roger Martin du Gard, Jean Giraudoux, Jules Romains, and François Mauriac—that Georges Duhamel belongs. By the early nineteen-twenties he had gained recognition, both in France and abroad, as a leading novelist and essayist; later he took his place as one of the most eminent representatives of contemporary French literature and, more generally, of the French cultural tradition.

Essentially, therefore, Duhamel is a writer of the inter-war period. But if we are to see his work in its proper perspective we must look first at the earlier influences that helped to shape his outlook and talent. Even the details of his biography are important, for although on the whole (and increasingly) his writings reflected the problems of the individual in the context of modern society rather than the more intimate conflicts of private life and conscience, the latter are by no means absent, and in both cases his work draws constantly on personal recollection and experience.

Duhamel was born in Paris on June 30, 1884, the seventh of eight children, of whom only four survived. His early years, overshadowed by his own ill-health and the financial worries of his parents, were marked by an extraordinary succession of moves from one address to another within and without the capital, and by correspondingly frequent and abrupt changes of school and friends. He recalls forty-three such stages in the ceaseless migration of his childhood and youth, all of which were due to his father, Pierre-Émile Duhamel, in whose turbulent wake the family moved from home to home, and whose character made a deep and permanent impression on his mind. Possessed by an intense love of life and firmly convinced that he would live to be a hundred, alternately gay and despondent, too restless to settle anywhere for long, dogmatic yet easily taken in, Monsieur Duhamel was extravagant, irritable, and provocative ; but he was also courageous and intelligent. Without these last qualities he could never have succeeded in his ambition to improve his position in the world by qualifying as a doctor. For a time he had been Le Havre correspondent to the newspaper *Figaro* ; then ill-health obliged him to move to the country, where he kept bees and raised chickens. Later, when the family was living in Paris, he took to selling sweets by day, while at night he sacrificed sleep and struggled with superb will-power and perseverance to learn Greek and Latin as a preparation for embarking upon his medical studies. His efforts were crowned with success when, at the age of fifty-one, he passed his final examinations. For all his capricious instability

of temperament, he loved his profession and proved
to be a skilful and sympathetic doctor. The vivid
portrait of Raymond Pasquier in *Le Notaire du Havre*
and the subsequent volumes of the *Chronique des
Pasquier* is largely a reflection of this prodigal but very
human personality.

Georges was fourteen years old when his father
qualified ; and this example, reinforced perhaps by his
own familiarity with illness and medical attention,
led him to take up the study and profession of medicine himself. It is, however, scarcely surprising that
in other respects he should have reacted strongly
against this early background. An unsettled and
adventurous existence need not be haphazard ; freely
chosen and shaped by the individual, it may be deeply
satisfying ; but imposed without option, as on the
young Georges, it is more likely to produce frustra-
tion. At each removal something was sacrificed,
some private ambition or incipient friendship robbed
of its fulfilment. Duhamel became intensely conscious
that certain kinds of happiness—and not the least
valuable—have to be slowly built up and matured
against a background of continuity. Hence what he
once described as " ce désir, ce besoin qui ne m'ont
jamais plus lâché de m'enraciner quelque part, d'y
assurer un foyer stable, d'y nouer des habitudes, d'y
maintenir des traditions. . . . " This ideal, which
underlies much of his work, is far from implying a
passive or complacent attitude. The determination to
make the most of life and the cult of personal effort
were just as prominent in his outlook as they were
in his father's. For Duhamel, peace and order, harmony and balance are the secret of happiness. But
they are difficult to win and no less difficult to maintain.
" Toute vie," he wrote in 1936, " est une conquête

constante de l'ordre, une bataille, un travail incessant pour trouver un équilibre difficile." It is perhaps in this awareness of the fragility of what we most cherish in life—not only our personal happiness but also the inherited values of our civilization on which all the rest depends—that Duhamel's importance principally lies. His work as a whole carries a message not of retreat but of vigilance.

It was in the autumn of 1902 that Duhamel began his preliminary studies at the Faculté de Médecine in Paris, and this gave him a greater measure of independence than he had hitherto enjoyed. Much of his time was spent in the lecture-rooms and laboratories of the Rue Cuvier or at the Hôpital Saint-Antoine where, on the advice of his father, who had a country practice out in the Ile-de-France, he made a point of attending operations carried out by various distinguished surgeons. This was in itself a strenuous existence, but he contrived also to broaden and deepen his musical and literary interests and to strike up a number of valued friendships. His childhood friendships had generally been too short-lived to occupy much of his time, though some of them—perhaps precisely because he had not been able to exhaust their possibilities—continued to haunt his mind and provided the starting-point for certain of the most memorable characters in the *Chronique des Pasquier*. More often he had devoted himself to his books and to solitary walks, or simply to daydreaming. No doubt these occupations were valuable too, and Duhamel in his maturity has never ceased to stress the importance of solitude and meditation in even the most active existence. But ever since his student days he has also set great store by his friends ; and friendship, which dominated his early twenties and continued to enrich his later life, was one of the great themes of his creative writing.

In the spring of 1904 Duhamel again fell seriously ill, and after a slow convalescence he set out for Switzerland and Italy on what was to be only the first of a series of walking tours that took him through most of Europe. On his return to Paris he rented a sixth-floor room at No. 1, Rue Vauquelin, thus finally emancipating himself from his home influences. Henceforth, until the universal upheaval of the First World War, his life centred round the Montagne Sainte-Geneviève, in the shadow of the domes of the Panthéon and the Val-de-Grâce Hospital.

He was appointed that autumn to a hospital in which to continue his medical studies, and decided to prepare simultaneously for a *licence-ès-sciences*. Whilst his working days were occupied in looking after tuberculosis patients, giving anaesthetics, helping at operations, dressing wounds, and reading in the libraries of the Quartier Latin, his leisure was chiefly dedicated to his friends, among whom were Charles Vildrac, a poet and dramatist who married Duhamel's sister, René Arcos, a poet, and Jules Romains, who later achieved fame as the author of the comedy *Knock* and the immense sequence of novels *Les Hommes de Bonne Volonté*. Devoting much of their enthusiasm to poetry and the art of writing, or to philosophical ideas, they smoked their pipes and read aloud their favourite poets, discussed questions of versification or criticized each other's literary projects and efforts. Politics and public affairs had little interest for them, but it would be wrong to suppose that they were altogether turning their backs on society. On the contrary, their thinking was already guided by a strong sense of the human community and a conscious ideal of fellowship and understanding. They felt that they had a mission in the world, and that their friendship was itself a contribution to the well-being of society. Duhamel, though later experience was to temper his idealism in a number of ways, fully shared their youthful fervour. Perhaps the best description of him in these early years is provided by René Arcos in the symposium *Georges Duhamel* published in 1927 by the Éditions de la Revue Le Capitole :

> Duhamel était un grand jeune homme abondamment chevelu. Son visage plein, aux lignes douces, très pâle le plus souvent, s'agrémentait d'une moustache un peu tombante et d'une barbe légèrement frisonnante. Il portait de grosses lunettes, par nécessité . . . Duhamel à vingt ans débordait de vie, disputait avec passion de toutes choses, se montrait impatient de mener au combat sa jeune force.

In addition to these activities, Duhamel, who like most of his friends was extremely poor, set about earning money in a variety of ways. He gave lessons to foreign medical students, particularly to the Russians whom he later portrayed in his novel *La Pierre d'Horeb* (1921) ; he collaborated with two friends in the compilation of a popular medical encyclopædia. He also acted on occasion as *locum tenens* for country doctors, thus gaining an opportunity of seeing patients not only in hospital but in their own homes, and this, together with night-duty at the maternity hospital of Saint-Louis, served to widen his knowledge both of medicine and humanity.

But the most important of his pre-war experiences was yet to come. In the autumn of 1906, Duhamel and a group of friends decided the time was ripe for them to join in a full-scale experiment in communal

living and working. For some months they had felt
that they could never fully live out their ideal of practical humanity in the context of society as they found
it, and had longed to form a model community of their
own. They now took a large empty house at Créteil
on the Marne which they thought would be suitable
for their needs, and as it was in great disrepair they set
to work to re-decorate it and generally make it habit-
able. Remembering the famous *Abbaye de Thélème*
imagined by Rabelais, they named it ' l'Abbaye,' the
signboard they placed at the entrance adding the
explanation ' groupe fraternel d'artistes.' These, besides Duhamel, included Vildrac who first conceived
the idea, Vildrac's wife, René Arcos, and a painter
named Albert Gleizes. Among those who frequented
the Abbaye without belonging to the group were Jules
Romains and Berthold Mahn, the artist whose portrait
of Duhamel is reproduced as a frontispiece to this
volume.

To make their enterprise financially independent—
and, perhaps more important, because they felt the
experiment would only be valuable if they were artisans
as well as artists—they bought a printing machine and
type, turned the billiard-room into a workshop, and
invited a printer named Linard to join the group and
teach them to print. Duhamel showed particular
skill in typesetting by hand, letter by letter. The
choice of this craft of course enabled them to print
their own literary work as well as that of other writers
who could be persuaded to commission their services.
Among the books they printed were Duhamel's first
volume of poetry, *Des Légendes, des Batailles* (1907), an
early collection of poems by Romains, *La Vie unanime*,
and Vildrac's poems, *Images et Mirages*.

Despite his membership of the Abbaye, Duhamel

somehow managed to keep up his medical and scientific studies in Paris; in addition, he went most Sundays with Arcos to hear Beethoven and Wagner concerts, and in this way deepened his love of music and came to know many famous works almost by heart. A *fête* given that summer in the walled garden of the Abbaye, with an exhibition of pictures by members of the group, was a momentous occasion in Duhamel's life, for one of the students from the Conservatoire who came to recite poems was Blanche Albane, whom he later married. During that summer holiday Duhamel and a friend went to hear Wagner's operas in Berlin, and walked through the Black Forest and Nuremberg to get there.

By the end of the year it had become clear that the Abbaye could not be carried on, despite every effort to obtain work. The financial situation grew increasingly precarious, for the profits from printing one book a month proved inadequate. Various differences arose, and the friends felt the lack of some guiding authority in their ' family.' Indeed, one of the lessons they learnt most forcibly was the extreme difficulty of living and working in harmony. Many years later Duhamel used the experience of the Abbaye as the basis for the fifth volume in his *Chronique des Pasquier*, *Le Désert de Bièvres*, in which one of the characters pronounces this epitaph on the experiment that failed : " L'homme est incapable de vivre seul et il est incapable aussi de vivre en société. Comment faire ? " The question remained unanswered.

And so, in January 1908, the Abbaye came to an end. The group gave up their communal life and dispersed to rejoin the society from which they had sought profitable escape. But not one of these men

remained unaffected by the experience. While it did
not extinguish Duhamel's fervour, it did teach him
that the small-scale experiment in communal living is
not the answer to the problem of society.

When the Abbaye closed, Duhamel went back to
live in his tiny flat in the Rue Vauquelin, where, being
an excellent cook, he was well able to look after himself. He and his friends still met to discuss their
plans and to read aloud from their favourite authors :
Shakespeare, Ibsen, Rimbaud, Laforgue, and Mallarmé.
They " discovered " the poet-diplomat Paul Claudel,
on whom Duhamel later wrote a critical study, and
they visited Rodin the great sculptor and Paul Fort
the poet. Duhamel, in between watching eminent
surgeons and studying for the *certificat de chimie biolo-
gique*, worked as literary critic for a small review, wrote
Notes sur la technique poétique in collaboration with
Vildrac, and in the same year paid for the publication
of an epic poem, *L'Homme en tête*, which he described
as " la légende éternelle de l'homme qui commande
et qui enseigne, de celui qui marche en tête de la
foule."

He married Blanche Albane at the end of 1909, and
moved with her to the Rue Gay-Lussac, still within
sight of the domes of the Panthéon and the Val-de-
Grâce—" les phares de notre voyage " as he called
them. It was near both to the Théâtre de l'Odéon
where Duhamel's wife was taking leading parts in
productions of Racine and Beaumarchais, and to the
laboratory in which he himself was now working on
industrial research, experimenting and operating on
animals. His afternoons were spent in reading and in
study, in writing poetry and critical essays ; in the
evenings he would go to watch his wife rehearsing,
or to talk with his friends.

It was no doubt this constant association with the
theatre that led Duhamel to try his hand at writing for
the stage. His first play was *La Lumière* (1910), a
psychological study of a man blind since birth. It
was accepted and produced by André Antoine, one
of the dominating figures in the French theatre of the
period, who staged not only great works of international drama but also the plays of young and
usually little known writers, another of whom was
Jules Romains. Duhamel paid grateful tribute to
Antoine, " qui m'a, le premier, distingué dans la
foule, adressé la parole, et tendu la main." Two
other plays by Duhamel were staged before the First
World War with fair success : *Dans l'Ombre des Statues*
and *Le Combat*, the latter in verse.

During the same period Duhamel, still feeling his
way and trying his hand at various *genres*, wrote studies
of some of his contemporaries for Paul Fort's journal
Vers et Proses, two volumes of poems entitled *Selon
ma Loi* (1910) and *Compagnons* (1912), and, at the re-
quest of André Gide, contributed poems to the
Nouvelle Revue française, which, founded in 1909, was
already rapidly gaining influence. At the same time,
he accepted an invitation to become the poetry critic
of the *Mercure de France*.

In Duhamel's pre-war poetry the predominant
theme is the relationship between the individual and
society : how is the individual to fit in and contribute
to that society ? In these volumes of poems we find
already foreshadowed what was to be the dual inspiration of Duhamel's work as a whole : individualism,
with its love of solitude, and its independence in
religion and morality, and also a strong sense of
the community, of friendship and brotherhood, the
family, and the still greater social entities. In

L'Homme en tête he had preached, if not isolationism, at least a feeling that the fervour and idealism of the individual are desperately difficult to communicate to others. *Selon ma Loi* contains the definite idea that the individual cannot be self-sufficient, while in the volume entitled *Compagnons* Duhamel expresses the feeling that nothing is valuable except for its human significance, and, equally, that every man, however weak in spirit, has within himself something of value. Duhamel developed this last theme in *Vie et Aventures de Salavin* after the war.

* * *

On the outbreak of the First World War in August 1914, Duhamel, then thirty, at once volunteered for medical duty with the Army and was accepted, although he had been previously exempted from military service on grounds of health. After tending the wounded who were brought back to Paris from the battle of the Marne, he joined the first experimental mobile surgical ambulance, and so entered fully into " ce funèbre concert de soupirs, de fièvres, de plaintes et d'agonies, ce concert qui, pendant plus de quatre ans, allait être l'accompagnement de mes pensées." When, in May 1915, he was posted to the surgical ambulance of the First *Corps d'Armée*, he spent alternate nights on his feet performing operations, in the face of acute suffering from insomnia and laryngitis. During March of the next year he operated under shell-fire, dealing with the uninterrupted flow of wounded soldiers who were evacuated on stretchers from the massacre of Verdun. That summer saw him tending scores of wounded taken from the carnage of the Somme battles, and he was later appointed head of one of four surgical teams. Much of 1917 was spent in operating tents at Soissons and Verdun.

His medical experience widened from the new discoveries and knowledge that war always brings to doctors.

Every day he wrote to his wife; he read widely among French, English, and Russian authors; but his chief consolation throughout the war was music. He bought a flute and learned to play works by Handel and Moussorgsky, later playing in quartet when opportunity allowed. And for many years Duhamel continued to devote evenings to playing music with his friends. He organized and took part in amateur chamber music concerts, which he regarded as a sort of symbol of the kind of *active* participation in the creation of beauty that he saw as one of the principal aspects of civilized life. He paid tribute on many occasions to the benefits of music. " Gloire à l'art admirable qui nous aide, mieux que tout autre, à penser nos pensées, à souffrir nos souffrances, à vivre, avec plus de force, plus d'ampleur, plus d'harmonie, cette vie si souvent confuse, étroite et incompréhensible ! . . . Gloire à la musique qui nous aide, généreusement, à mieux jouir de notre joie ! "

The war for Duhamel was, above all, a human experience. For months he had walked the wards at night, never losing an opportunity of talking at the bedside of the dying and of those who would recover from their wounds, and in this way seeking to share more intimately their suffering in the face of pain and death. His activities had not only increased immeasurably his knowledge and understanding of men, but had made him keenly aware of the deep link forged between himself, the surgeon, and his patients. " J'ai plongé mes doigts dans sa chair, son sang a coulé sur mes doigts, cela suffit à créer de forts liens

entre deux hommes." He felt deeply that the
memory of such suffering should not be allowed to
die, and to perpetuate it he began a series of short
récits about the soldiers in hospital.

"Ma tâche," he wrote later in a volume of autobiography, *La Pesée des Ames*, "était sans doute non
seulement de soigner ces hommes, mais de raconter
leurs épreuves, de faire une déposition pour eux devant
la conscience du monde...de montrer les hommes en
face de la souffrance et de la mort, et de leur témoigner
une grande et respectueuse pitié." Pity, which motiv-
ates and informs all these stories, became from then
on one of the most distinctive elements in Duhamel's
approach to human beings; this is very noticeable
in his handling of many of the fictitious characters
that he created. These war-time narratives, by which
Duhamel was to become famous, were printed first in
the *Mercure de France*, and in March 1917 appeared in
collected form under the title *Vie des Martyrs 1914–
1916*. "Dans cette ouvrage j'ai servi de secrétaire aux
soldats et transmis leur humble message." A second
volume, *Civilisation 1914–1917*, was published in 1918,
this time under the pseudonym of Denis Thévenin,
and at the end of the year was awarded the Prix Goncourt, the coveted literary prize bestowed annually on
a young writer by the members of the Académie
Goncourt. Duhamel had already turned down the
offer of the Prix Fémina-Vie Heureuse on the grounds
that his two books portraying such terrible human
anguish could not properly be crowned with a prize
bearing so serene a title. These two books, which
rank among Duhamel's finest creative work, are as
poignant and memorable as any of the literature of
the First World War.

Meanwhile, during the last German offensive,

Duhamel's ambulance served on the Marne, and once
again he found himself operating day and night, still
tormented by laryngitis and by acute sinus trouble
that eventually necessitated an operation.   Yet he
found time and energy to write articles for the period-
ical *L'Éclair*, and these were collected and published
during 1919 as *Entretiens dans le Tumulte*.   He also
started to compose *La Possession du Monde*, a long profession of faith written in lyrical prose, described by
its author as " une déclaration de confiance à la vie . . .
un hymne à la joie."   He had lost his belief in
Christianity when still a student, and now, in the midst
of carnage, burdened as he was by ill-health and
fatigued by the prolonged war, envious, too, of those
whose religious faith supported them, Duhamel felt
that his own faith might perhaps be restored by the
mere fact of singing to joy amid desolation.   In *La
Possession du Monde* he stated his conviction that true
civilization is to be found in men's hearts, and he
looked forward to a universal brotherhood, to what he
called " le règne du cœur," to " le règne de la confiance
mutuelle, de l'arbitrage cordial, de la justice authen-
tique, de la paix généreuse."   None of these hopes
was fulfilled. Nor did Duhamel ever regain the Christian
faith : he described himself as " un agnostique
respectueux et attentif," and, in another mood, as
" un agnostique désespéré."   Yet if he failed to
find and love his God, he always actively loved
and served his neighbour, not only as a doctor but as
a writer and in his public life.   " J'ai voulu," he once
confessed, " de toute la force de mon esprit et de mon
cœur, être un ami, aider à vivre, à souffrir et à guérir.
Et la vie généreuse n'a pas bafoué ma prière."

When at last the Armistice was concluded in
November 1918, and the tired and hopeful world

settled down to build the peace, Duhamel asked for his release. During the fifty months he had served with the Army he had attended some 4,000 wounded soldiers and performed 2,300 operations. He was eventually demobilized in April 1919 from the Val-de-Grâce Hospital.

* * *

The 1914–18 war had changed the tempo and spirit of the world. Two years after the close of the Second World War, Duhamel, burdened by the bitter knowledge that the post-war years after 1918 had been transformed into the inter-war years, wrote with longing of the age before 1914. In *Le Temps de la Recherche*, the third volume of his autobiography, we find this evocation of a Europe on the eve of war :

> Saisons innocentes et bénies ! Comment pourrions-nous deviner que vous êtes les dernières saisons du bonheur, avant le temps de l'affliction, de la fureur et du désordre ? Autour de nous, en nous-mêmes, quelque chose mourait que, par la suite, nous n'avons pu retrouver, ressaisir et goûter sans remords et sans ombre : c'était la douceur de vivre, c'était l'harmonie secrète entre la paix des choses et le cœur de l'homme juste.

A shadow lay across the world, and this shadow was not to be lifted. Life had altered, and Duhamel's own course changed with the coming of peace. He gave up his profession of medicine ; he turned away from the theatre ; he travelled widely to discover for himself the contemporary and swiftly developing world ; he embarked upon a series of very distinguished novels ; and he devoted himself to family life.

Though he deserted the practice of medicine, except for a short period in 1940, he never ceased to honour the profession, to think of it with gratitude and affection, and to introduce it into his books. The mere title of *Paroles de Médecin* (1946) shows that he continued to regard himself as a doctor. Medicine was, after all, his first vocation, and to its study and practice he owed the formation of his mind and the desire and opportunity to serve his fellow men. His experiences as a doctor gave him, moreover, of human suffering and death, " une idée non pas littéraire, mais véridique et majestueuse." The discipline of a scientific training he endeavoured to apply to his literary creation. He regularly attended meetings of the Académie de Médecine and the Académie de Chirurgie, to which he was elected in 1937 and 1940 respectively, and he was often happier in the company of doctors and scientists than with men of letters.

Before he gave up writing for the theatre Duhamel wrote one more play, *L'Œuvre des Athlètes* (1920), in which his wife played a leading rôle. This comedy, which satirizes certain advanced literary cliques prominent at the time, was not well received by the public. In any case, Duhamel found the aftermath of writing a play—the problems of casting, production, and alterations to the text, the quarrels of actors, and the uncertainties of performance and audience—a painful ordeal, which he likened to being in the pillory. " L'œuvre théâtrale est la plus fragile, la plus décriée et la plus humiliée des productions." The written word would provide the more intimate contact with his public that he desired.

The 1920's saw Duhamel travelling widely outside Europe to discover at first-hand the post-war world. Less interested in political and economic systems than in human beings and their individual problems, he felt himself urged on by an inner necessity for knowledge and understanding. Characteristically, he sought to find some common ground, some bond of sympathy, with all the people he met, and so to share to some degree in their hopes and troubles. On his first journeyings he confronted his own ideals of civilization—the word is, in his own phrase, " le maître-mot de ma vie "—with the two most extensive and important experiments of the period, those in Russia and in the United States.

In 1927 he visited Russia at the invitation of the Russian Academy of Science and Art, and in *Le Voyage de Moscou* he expressed his fear that industrialization in Russia was being pushed to excess, that freedom of thought was in danger, and that individuals were being reduced to uniformity by the demands of the State. Duhamel never failed to stress the importance of the individual, and during the years between the two world wars, as he saw the dictatorships grow and total-itarianism become more pronounced and dangerous, he affirmed his individualism all the more passion-ately. " Tout ce qu'il y a de grand dans le monde humain est œuvre de l'individu, ou tout au moins conception de l'individu. L'histoire des groupes est désespérante, inhumaine."

As the result of a journey through the United States at the end of 1928, Duhamel wrote *Scènes de la Vie future* (1930), which aroused violent controversy on account of the author's unconcealed horror at the mechanical civilization he found in America. He considered this nation, which was in advance of the world in its economic organization, too omnipotent— an industrial and commercial dictatorship that merely imposed fresh needs and desires upon humanity. Money was all-powerful, and modern machinery tended to banish every effort. And Man, moreover, was in danger of becoming the slave of his machines, while his own individuality would be effaced in the process. As the title of the book suggests, Duhamel saw in the trend of events in America a portent for all humanity. " A travers cette Amérique, j'interroge la vie future, je cherche à distinguer le chemin que nous allons parcourir, de force ou de gré."

Nor did he cease to regard the future with anxiety, or to call out in revolt against certain trends of development as he saw them, or to seek to heal a world which he described on several occasions as " abandonné aux furieux, aux fous et aux malades." Man must be helped to dominate his machines, and to live in harmony with his new discoveries and productions. Duhamel's experiences in the 1914–18 war determined him to do all in his power to make impossible another such calamity ; for many years he preached reconciliation with Germany to his fellow-countrymen, and stopped only with the bitter and disillusioning realization that Hitler's Germany did not seriously desire peace. One stream of his literary output was a series of books by which he sought to spread abroad his ideas and counsels both inside France and outside : *Géographie cordiale de l'Europe* (1931), *Querelles de Famille* (1932), *L'Humaniste et l'Automate* (1933). The second stream, which will be considered later, consists of the two cycles of novels—the *Vie et Aventures de Salavin* and *Chronique des Pasquier*—which constitute Duhamel's principal claim to a high place in contemporary French literature.

Apart from his literary work, the years before the outbreak of the Second World War found Duhamel heavily engaged in public life. For two years, from 1935, when he was elected to membership of the *Académie française*, he directed the *Mercure de France*,

and then in 1937 he was invited to become President
of the *Alliance française*.[1]   In this capacity he travelled
tens of thousands of kilometres a year, both before
and after the war, across Africa and South America,
and to places as far apart as Senegal and Japan,
Yugoslavia and Canada, lecturing on France, her language, and her civilization.   His declared aim was to
" substituer à la notion de propagande celle de civilisation, d'amitié, de réciprocité."

In May of 1940 Duhamel took up medical work
again, and treated some hundreds of civilian refugees
in a hospital near Rennes in Britanny.   *Lieu d'asile*, a
small book that was seized and burned by the German
occupying forces and republished in 1945, bears wit-
ness to his experiences and to the individual courage
of men and women during the darkest summer of
French history.   Throughout the war, which he
regarded as " la guerre civile de toute la triste race
blanche," he remained silent, taking comfort as before
from " la musique libératrice et consolatrice," and
devoting himself to his duties as President of the
Comité de sauvegarde des œuvres créées en captivité.

From 1942 onwards he worked as *secrétaire per-
pétuel de l'Académie française*, a post that he resigned
in 1946 after a quarrel over policy with some of his
colleagues.

After the end of the war in 1945, having seen the
final volume of his *Chronique des Pasquier* published,
Duhamel wrote five parts of his autobiography,
disentangling his memories into two categories:
" ceux de ma vie réelle et ceux de mes vies imagi-
naires."   *Inventaire de l'Abîme, Biographie de mes*

---

[1] *L'Alliance française pour la propagation de la langue française
dans les colonies et à l'étranger*, founded in 1883, aims to spread the
French language abroad and to open and maintain schools.

Fantômes, Le Temps de la Recherche, La Pesée des Âmes and *Les Espoirs et les Épreuves* take the story of his life as far as 1928.

Duhamel's two post-war novels, *Le Voyage de Patrice Périot* (1950) and *Cri des Profondeurs* (1951), belong to no cycle, but in them the author examined, with characteristic insight and charity, two men of his own generation—one having many similarities with Duhamel himself, the other a complete antithesis. These men are faced with two of the problems that press upon the age : the impact of conflicting ideologies upon the individual and upon the family ; and the necessity for choice between patriotism and collaboration with the enemy.

Patrice Périot, eminent biologist and Professor at the Sorbonne, is a man who would echo the statement made by Laurent Pasquier, a fellow biologist, in *Combat contre les Ombres* : " . . . à l'égard des problèmes que la vie me soumet, j'entends n'avoir qu'une position humaine." He is naïve, once outside the comparative peace of his laboratory and study. A man of liberal outlook and passionate goodwill, he is often blinded in his judgments by his humanitarian beliefs ; and neither his good faith nor his love of his fellow human beings can preserve him from the traps into which cynical and unscrupulous colleagues, politicians, and self-seekers lead him. He signs manifestos that are placed before him, if he believes he can thereby help to save a man from prison or execution. He will agree to preside over a meeting, if its avowed object is peace. Meanwhile his name and reputation are being ruthlessly exploited for private and party ends.

Périot is criticized for a declaration he made in 1936 : "Témoin des souffrances du peuple au milieu duquel je suis né, je veux demeurer avec lui

dans l'épreuve, dans l'effort et dans la joie."   " Rien
ne m'empêchera," declares Périot, " d'être du côté de
ceux que je juge les plus malheureux," even if such a
step leads him, unwittingly, into support of the Com-
munists.   " Je ne suis pas . . . au service de la nation, je
ne suis pas même au service de l'humanité, . . .   Je suis
d'abord au service de la connaissance.   Je suis au
service de la vérité, de la justice."

No less bewildering to Patrice Périot than the conflicts of " ce monde hagard et désorienté " are the
beliefs and activities of his children, who, now that
he is a widower, have gone their separate ways.   Only
with the youngest, Thierry, an ardent Catholic, does
he feel any bond of affection, understanding, or trust.
His elder son Hervé commits suicide, having incurred
appalling gambling debts.   Christine, so fanatical is
her support of Communism, despises her own name
and alters it.   She is prepared to exploit her family
for political ends.   So, too, is Périot's son-in-law.
In the end, however, Périot's experiences, together
with the influence of the gentle Thierry, lead him some
distance at least towards the Christian faith and away
from a perhaps over-optimistic rationalism.

Duhamel's purpose in writing the second novel, *Cri
des Profondeurs*, was revealed by him in an interview :

> J'ai voulu peindre l'homme que je déteste le plus.
> Celui qui écrase tout, qui n'aime personne, mais qui se
> cherche en même temps des alibis perpétuels afin de se
> persuader plus facilement, vis-à-vis de sa conscience,
> qu'il n'a jamais trahi.

And Duhamel not only portrayed a man he despised :
he faced the technical and psychological problem of
telling the story of this man in the first person.

Félix Tallemand, by nature suspicious, divides

people into two categories : " ceux que j'intimide et ceux que je n'intimide pas." He has yet to meet the man who intimidates *him*. Unable to express his emotions, he makes few friends, quarrels with his wife, and loves his only daughter without understanding her. " Mon idée capitale," says Tallemand, " c'est d'être en règle, d'être irréprochable."

At the outbreak of war in 1939 he is, though not a director, the virtual driving-force behind the Laboratoire Dardaille, Winterberg et Cie. The collapse of France in 1940 and the subsequent occupation of the country by the Germans presents Félix with an opportunity of becoming head of the firm. His half-brother, Didier Dardaille, returning from the Army, is horrified to find his firm working for the Germans, under the energetic and unscrupulous guidance of Félix. His indignation is cut short by the realistic, cynical argument of the immediate present :

> Mais je ne pense pas que nous pourrions nous y dérober. Si nous n'avions pas accepté, je veux dire si je n'avais pas accepté, notre matériel aurait été démonté puis transporté ailleurs, en Allemagne peut-être.

In Félix's view the French people have to make a choice, a simple choice that *he* had no hesitation in making. He collaborates with the enemy, and the firm prospers. Didier prefers to remain French.

For ten years the Nazis had inspired Félix's respect and confidence. He had envisaged the establishment of a German order in the world, and in collaborating during the occupation he merely feels that he is backing the winning horse, " par goût profond de l'ordre." Any qualms he has are dispelled by a strange German officer, disguised as a civilian, whose arguments fascinate Félix.

As the years pass his iniquities mount up. Having persuaded the other partner, a Jew named Winterberg, to escape with his family to Spain, he mentions the matter to his German friend, the police are warned, the Jews captured, and only Winterberg escapes. It is fortunate for Félix that by hiding the Jew in the cellars of the business, he is able later to pose as a loyal member of the resistance forces. But he never returns to Winterberg the shares that he had obliged him to sell ; nor does he repay his daughter the money she lent him to buy up those shares in the firm. When Didier falls gravely ill, Félix causes his death by failing to give his half-brother a vital injection of morphia.

This sequence of actions leaves Félix Tallemand wealthy and all-powerful in the firm. But at this moment of triumph he is struck down by a hæmorrhage, and his deeper self has time to draw up a balance sheet. He feels the need to seek pardon from the many he has injured, both living and dead. Already, on Didier's death-bed, he had asked and received his forgiveness. Yet even when he has gained several pardons, he is not satisfied. " Tout le monde m'a pardonné," he writes in his secret diary, " mais il y a, au fond de moi, quelque chose qui ne me pardonne pas." And those who have pardoned him seemed at the same moment to accuse him. A memory haunts him, but there is no sincerity or humility in his recollection : " Du fond des abîmes, j'ai crié vers toi, Seigneur ! "

The measure of pity with which Duhamel regards Félix, and the deliberate restraint in his portrayal, cannot take away the note of condemnation, which is the more telling because it is expressed by a man who throughout his life has sought to be just, humble, and to love his fellow men.

These two novels are the expression of Duhamel's anxious probing into what he termed " les trans-formations, les aventures et les crises de notre civilisation dans cette période critique de son histoire." His concern was lest the balance of civilization should be disturbed, civilization being by his own definition " un état d'équilibre, état dans lequel les forces de construction l'emportent sur les forces de ruine, l'ordre sur le désordre et la vie sur la mort."

*   *   *

Duhamel devoted himself during the twenties to writing the five volumes of his *Vie et Aventures de Salavin*, which many regard as his most distinguished and original work. He tells with subtlety and a measure of fellow-feeling and pity the story of a Parisian office employee named Louis Salavin, a failure, a misunderstood mediocrity who is haunted by tormenting scruples and remorse, and whose active existence is restricted by moral cowardice, clumsiness in all his personal relationships, and lack of intellectual energy. Duhamel traces with remarkable insight and artistry Salavin's struggles to free himself from despair, from over-anxiety, and from the sense that he is the victim of both temperament within and circumstance without. He has never learnt—is perhaps incapable of learning—the art of living, and feels predestined to failure.

Salavin feels incapable of anything but the poorest quality of love and friendship. Though he loves his wife and his mother, he quarrels with them, wounds them, and then repents, only to drive them towards despair by his irresolute and over-sensitive behaviour. He hates himself, and constantly aspires towards a fuller and more valuable life, yet cannot master and purify his own life, which is uneventful in its externals. " Toutes mes aventures me sont arrivées en dedans," he says in *Confession de Minuit* (1920). " Je me débats parmi les ombres. Qui peut venir à mon secours ? "

In this work he also says to the imaginary reader :

Vous allez penser que j'ai un sale caractère, que je suis misanthrope. Moi, un misanthrope ! C'est absurde ! J'aime les hommes et ce n'est pas ma faute si, le plus souvent, je ne peux les supporter. Je rêve de concorde, je rêve d'une vie harmonieuse, confiante comme une étreinte universelle. Quand je pense aux hommes, je les trouve si dignes d'affection que les larmes m'en viennent aux yeux. Je voudrais leur dire des paroles amicales, je voudrais vider mon cœur dans leur cœur ; je voudrais être associé à leurs projets, à leurs actes, tenir une place dans leur vie, leur montrer comme je suis capable de constance, de fidélité, de sacrifice. Mais il y a en moi quelque chose de susceptible, de sensible, d'irritable. Dès que je me trouve face à face non plus avec des imaginations mais avec des êtres vivants, mes semblables, je suis si vite à bout de courage ! Je me sens l'âme contractée, la chair à vif. Je n'aspire qu'à retrouver ma solitude pour aimer encore les hommes comme je les aime quand ils ne sont pas là, quand ils ne sont pas sous mes yeux.

His failure to find a solution in friendship is described in *Deux Hommes* (1924). Duhamel makes a sharp contrast between Salavin and his friend Édouard Loisel, who has plenty of self-control and knows the recipes for successful living, but has little capacity for the spiritual experiences that overwhelm Salavin ; he lives more externally. Hence Loisel exasperates Salavin ; Salavin corrodes Loisel. Between them they have the qualities necessary for a full, balanced life ; but they are two persons, not one. Salavin, feeling himself in the position of accepting and saying " thank you " in this relationship, turns accusingly on his friend, and quarrels bitterly. Édouard reproaches Salavin for turning his friends into mere slaves. " Tu n'aimes pas les hommes : tu en as besoin, seulement, pour être heureux avec toi-même." Salavin counters this with the reproach : " Tu m'as obligé d'accepter tout. Tu m'as contraint d'être faible, pour pouvoir, toi, être fort." The failure of this attempt at friendship—a dominant theme in Duhamel's work—is summed up by Édouard : " Nous souhaitons que la concorde et l'harmonie régissent toutes les actions des peuples ; et, pourtant, nous n'avons pu mettre à l'unisson nos deux voix."

Journal de Salavin (1927) relates day by day how Salavin at the age of forty, feeling that he has achieved nothing in life, decides to break with the past. " J'entreprends de travailler à mon élévation." He is not equipped to rise in the fields of science or art, nor as a soldier, orator, or financier, but he believes that he can become a saint. In this, too, he fails, for he has no enduring faith, and feels himself and all men to be incorrigible. He reaches the conviction that " les hommes ne peuvent rien les uns pour les autres. Il faut que chacun se dépêtre, tout seul, dans son trou, dans son ordure."

The next stage is an attempt to get outside himself by mixing more actively among other people and by seeing more of them (*Le Club des Lyonnais*, 1929). His final quest in his thirst for peace and happiness (*Tel qu'en lui-même*, 1932) is to leave France and go to Tunis, where he hopes to alter himself by devoting himself to the care of others. This attempt at a personal revolution by consoling " les hommes misérables " is undermined by doubts, and by the realiza-

tion that to love humanity in general is not the same
as to love individual men and women. Ironically
enough, he meets his death from wounds inflicted by a
boy whom he is trying to protect. Yet as he dies he
admits to his wife that his many failures and illusions,
struggles and doubts have in the end revealed to him
something of how life should be lived.

*   *   *

It was in 1933 that *Le Notaire du Havre*, the first of
the ten volumes of Duhamel's *Chronique des Pasquier*,
was published. He had spent a decade, alongside his
other work, in taking notes, in research, and in plan-
ning this long cycle of novels. During the first war
he had written of what he had experienced and seen.
The second stage had been the writing of the story
of one man, Salavin. Duhamel waited until he had
reached full maturity as a writer before undertaking
the portrayal of a family and a period. The suc-
cessive volumes appeared at intervals during the
next twelve years : *Le Jardin des Bêtes sauvages* and
Vue de la Terre promise in 1934, *La Nuit de la Saint-Jean*
(1935), *Le Désert de Bièvres* (1937), *Les Maîtres* (1937),
Cécile parmi nous (1938), *Le Combat contre les Ombres*
(1939), *Suzanne et les jeunes Hommes* during the Second
World War in 1941, and finally, in 1945, *La Passion de
Joseph Pasquier*.

Duhamel described the *Chronique* as " l'histoire
de l'élévation et de l'accession à l'élite d'une famille
française à la fin du XIXe et au début du XXe siècle."
How this *élite* is formed in modern society was a subject that had long held Duhamel's attention. This
lowly family is portrayed during its rise towards the
élite in the course of two generations, between 1880
and 1930. In the early volumes the Pasquiers keep
close to their own sort of people, while the head of

2

the family, Raymond Pasquier, himself the son of a gardener, struggles laboriously to qualify as a doctor and so raise himself in the world. His success in this persevering effort is the first step on the upward path. Then, as four of the five surviving children grow up and leave the home to achieve success each in a different career, so the narrative expands to introduce the reader to various *milieux* of French society, the chosen *milieu* of each member of the family.

Laurent becomes one of the leading biologists of his time, and moves among scientists and in university circles. Cécile, the elder daughter, exceptionally gifted from an early age, becomes a great concert pianist and her achievements afford glimpses of the world of music. Suzanne, on the other hand, makes a reputation on the stage, and Duhamel had the opportunity of recreating, from his own experience and that of his wife, the life of a theatrical company such as that of the Vieux Colombier and the characters of great producers like Copeau. Joseph, the eldest son, gains distinction and great wealth in the world of business and high finance. Only Ferdinand fails to rise above mediocrity.

The length of the sequence allows the reader to come to know intimately the people set before him. Besides the Pasquiers themselves, others enter the family circle : wives and husbands, friends—some fleeting in their appearance, some constant, like Laurent's friend Justin Weill, a young Jewish poet who is killed in the First World War ; and a few historical figures such as the composer Debussy. The variety of human types is wide, for doctors, scientists, politicians, intellectuals, musicians, actors, business men, laboratory assistants, and poets are among those whom Duhamel brings to life in the pages of his *Chronique*.

Yet what really counted for Duhamel was not social history but the family and the individuals composing it. Indeed, in the long introductory chapter to *Le Notaire du Havre* (omitted in this edition) Laurent Pasquier, the narrator, specifically disclaims the sub-title " pour servir à l'étude des mœurs." And, writing many years later in *Chronique des Saisons amères*, Duhamel described the story of the Pasquier family as " histoire non pas naturelle et sociale . . . mais histoire avant tout humaine, histoire où j'ai peint de mon mieux les douceurs et les misères d'une chaude tribu vivante."

Throughout, the sense of family is very strong. References are constant to " la barque du clan Pasquier," to " notre clan." Laurent, on one occasion, realizes that, despite the immense differences between his brothers and himself, his love for them is deep, just because they are, as he says, " ceux de mon clan."

Joseph is from the start ambitious, determined to become a millionaire, which he does. He amazes his family by his precocious knowledge of property, and is constantly advising on investments, busy with law-suits, carrying through huge financial projects. Pompous, cautious, respectable, he knows what he wants, and would rather be thought an egoist than a fool. At times he is stupid, his desire to succeed becomes overweening, and his gourmandism vulgar.

Raymond Pasquier, the father, mocking, bubbling with ideas and inventions, irresistibly attracted to swindlers, is an apostle of eternal youth. For him love is a vocation. Restless, turbulent, hot-tempered, this " homme fantasque, instable," talks constantly of departure, and boasts that his principle in life is to persevere, even if it is a " persévérance dans le change-ment." He never gives up, even though momentarily discomfited and depressed, and to his children he propounds the maxim : " Débrouillez-vous. Tout s'arrange." For all his faults and manias—one might almost say because of them—M. Pasquier is a vivid, fascinating, and likeable character, and Duhamel's portrayal of him is a masterly achievement.

In almost complete contrast—even though their personalities somehow harmonize—is Madame Pasquier, " une sainte des petites choses," prudent, hurried, often distressed by the activities of her husband, incessantly alert and anxious, watching over each member of her family, self-sacrificing almost to the point of self-effacement, always too busy to see much beyond the horizon of her family and their doings. It is she who seeks to maintain family unity in moments of crisis, who urges her children to love their father because of his courage and despite his disturbing conduct.

The *Chronique des Pasquier* is the fruit of Duhamel's own experience, in his family and during his years of childhood and youth. But he was at pains to explain on many occasions that the story is by no means a direct transcription of fact. " J'écris les mémoires d'un autre et, tout naturellement, je collabore avec moi-même, je collabore avec ma vie." His choice of a setting in which he himself had lived was merely an assurance of fidelity, of truth, as he set about his task " de porter témoignage pour un temps et pour une société."

With regard to the members of the Pasquier family, Duhamel stated : " Je déclare sans détour que j'ai, en composant les figures du père et de la mère, emprunté beaucoup d'éléments à mes modèles familiers. J'ajoute que, par la suite et le récit prenant de l'ampleur, mes peintures se sont, en bien des façons, éloignées des modèles. J'ajoute encore que les enfants Pasquier n'ont absolument aucun rapport avec mes frères et mes sœurs. Cécile, Suzanne, Joseph et Ferdinand sont les créatures de mes songes."

If this is true of four of the Pasquier children, it is scarcely so of Laurent, who has many facets of Duhamel's own temperament and outlook. Laurent, too, lacks serenity, and desires order in the world. "Le monde est désordre," he says. "L'équilibre n'est pas la règle, c'est l'exception. Et je fais serment de travailler pour l'ordre et pour l'équilibre." He, too, has known the miseries of poverty and restless instability. His need for solitude and his mistrust of ideologists and intellectuals are as familiar as are his humanism and his scientific training and attitude. But whereas the study of Salavin had been one of a life in the process of disintegration, Duhamel's portrayal of Laurent Pasquier is one of achievement and upward development. A major portion of the *Chronique* follows Laurent's struggles, professional, intellectual, and spiritual, his search for wisdom and truth, his growth towards maturity and full stature. And it is in the revelation of his own inner life that the human significance of the work is largely to be found.

*　　　*　　　*

When Duhamel wrote the first books of the Salavin and Pasquier cycles he had only the most general idea of how he was going to complete them. The *Chronique des Pasquier* is, artistically at least, very loosely organized—though it represents the elaboration of a number of closely coherent themes and ideas—and from many points of view each of the constituent novels is independent and has its own unity.

In *Le Notaire du Havre*, as often with Duhamel,

there is no single, rigorously developed plot, but a sort of counterpoint of themes and characters, none of which is given special prominence in the context of the work as a whole. It is true, certainly, that many of the characters are strikingly alive and individual—particularly Raymond Pasquier, Mme Pasquier, Joseph, and M. Wasselin—and each is interesting in itself; but they are sketches achieved with the help of a few quick strokes of dialogue rather than portraits, and never become the *raison d'être* of the novel.

The real interest of *Le Notaire du Havre*, and its unity, derives not so much from the plot and characters in the ordinary sense of those terms, as from the atmosphere. " Je ne compose plus de poèmes," said Duhamel in *Chronique des Saisons amères* (p. 67) " mais j'écris des récits et je ne les considère pas autrement que des poèmes." This is perhaps the key to *Le Notaire*. Like Gide's *La Porte étroite* and Proust's *Du Côté de chez Swann*, it is a novel of childhood in which the adult world is invested with a certain mystery; everything is seen through the eyes of the child Laurent, or rather—and this explains the special tonality of the work—through the memory of the adult recapturing and interpreting his childhood vision. This mode of presentation enabled Duhamel to achieve many subtle and indefinable effects of an essentially poetic kind, and these are greatly enhanced by a correspondingly strict concentration of locality. The *notaire*, though he is never actually presented to us, overshadows the whole book; Désiré and his father are among the chief characters. Yet we are never taken to Le Havre or even into the Wasselins' flat. Like the characters with whom they are associated, these places exist for us less as objective realities than as aspects of Laurent's imaginative experience; and this is one of the justifications for Duhamel's comment that if he is a realist, he is " un réaliste de l'âme."

Duhamel's art, like that of several of the great twentieth-century writers, is in many ways a manifestation of what may still usefully be called (in French literature at least) the classical outlook. It is an art in which conscious restraint is exercised creatively, Certain of Duhamel's later writings—especially *Chronique des Saisons amères* (1944), *Civilisation française* (1944), and *La Musique consolatrice* (1946)—contain many interesting reflections which not only enable us to see his outlook in a new synthesis but also serve as a valuable commentary on his own creative work. " Pour avoir assez de beauté," he wrote in *Chronique des Saisons amères* (p. 116), " une œuvre d'art véritable en doit avoir trop. Telle est la générosité de l'homme créateur. Le grand artiste est celui qui dispose d'une grande puissance. Il ne s'en sert pas toujours ; pourtant, on la devine partout. Il ne donne jamais le sentiment qu'il a touché l'extrême limite de ses forces." It is significant that in its context this passage is presented as an application to the field of literature of the general principle that underlies true civilization as Duhamel conceived it: *le désintéressement*. " L'humanisme contemporain," he says elsewhere, " est l'ensemble des notions qui ne semblent pas susceptibles d'application immédiate." In a valuable civilization, in a full individual life, in any true work of art, some of the available resources must be kept in reserve, uncommitted. It is in restraint, in voluntary limitation, that the classical artist seeks opulence and plenitude.

It could hardly be claimed for *Le Notaire du Havre* taken by itself that it is a great novel—its implications, no doubt, are insufficiently wide for that—but at its

own appointed level it is a very successful example of
the kind of art that Duhamel had in mind. The plot,
for example, is never used solely to stimulate the
curiosity ; instead, though the events as a whole do
culminate in an effective climax, and though none of
the individual scenes is given undue prominence, it is,
all the same, on these latter, constituted by single
chapters or small groups of consecutive chapters, that
the interest mainly centres and that the author's
artistry is mainly concentrated. The events recounted,
and the characters portrayed, are of the humblest—the
most modest—kind. Similarly Duhamel resists the
temptation to indulge in colourful or elaborate descrip-
tions, and, as we have seen, many of the most important
places are not described or even visited at all. The
style, too, is simple and straightforward, rarely rising
to anything that could be called eloquence. But it is
precisely to these voluntary limitations of theme,
presentation and style that Duhamel's art owes its
evocative power and its sensitivity.

In *Chronique des Saisons amères*, side by side with
Duhamel's praise of disinterestedness, there is a short
essay in which he writes : " Qu'un écrivain ait du
talent, c'est, dirai-je, la moindre des choses ; mais
qu'il ait d'abord un message, voilà ce qui me semble
nécessaire . . . Si l'écrivain n'est pas capable de donner
à ceux qui l'écoutent une raison de vivre et d'espérer,
nous dirons qu'il est sans message, et nous ne l'écou-
terons pas." Of course there is no contradiction here :
even allowing for the special wartime significance of
these words, the requirement of a personal ' message '
is not an appeal for ' la littérature engagée ' ; it may
well be the very opposite. But how does *Le Notaire
du Havre* stand up to such a criterion ? It is mainly,
no doubt, a delicate but unpretentious poem of child-

hood, and at first sight may seem to be little more. The obvious moral which Duhamel summarized in the epigraph ' miracle n'est pas œuvre ' hardly amounts to a personal message, and in the novel itself this opposition between idle dreams and practical endeavour, harmonizing as it does with the contrast already noted between the world of reality and the child's apprehension of it, is poetic rather than didactic ; nor does the author openly take sides with or against his characters.

But a ' message ' can be conveyed more discreetly, and more effectively, than that. The whole work is conceived with great sympathy and understanding. Family life is presented without illusions indeed, but equally without the slightest destructive intention ; and a kindly humour takes the place of satire or wit. Hidden away in the book there is, then, first, a plea for tolerance and charity. But charity is not complacency. The subject of *Le Notaire du Havre*, from one point of view, is the impact of the real world on the imagination of the child ; from another, it is the child's initiation into the problems and conflicts of practical life. More than once Laurent's father or his elder brother do or say things that alarm his childish sensibility ; and, with his growing awareness of the disparity between what should be and what is, his sense of values gradually takes shape. The later volumes of the *Chronique des Pasquier* are largely concerned with Laurent's striving towards a harmonious reconciliation of the often conflicting demands of order and justice. These early incidents recorded in *Le Notaire du Havre*, which provide the starting-point of Laurent's experience of life, and which, as we have said, seem from the artistic point of view to be the most interesting aspects of the book, are not arbitrarily chosen ; they conceal, transposed on to the plane of childhood, Duhamel's own preoccupations, outlook and message. Duhamel's faith is one of independence, vigilance, and effort, of humanity without acquiescence. The Laurent of *Le Notaire* is at the outset of a life dominated by such a faith. " Joseph," says Laurent in *Cécile parmi nous*, " a pris, dès le début, son parti de l'injustice. Moi, je ne m'en consolerai jamais."

*   *   *

It was on April 13, 1966, that Duhamel died at his country home at Valmondois. He continued in his defence of culture, moderation and goodwill among men, but he could not fail to be saddened by the world he saw around him, ravaged by violence, disfigured by excess and discord. One friend, writing an obituary notice aptly described Georges Duhamel in his last years as " trop humain pour le désespoir, trop lucide pour le bonheur."

Suggestions for Further Reading

SIMON, PIERRE-HENRI : *Georges Duhamel, ou Le Bourgeois sauvé* (Éditions du Temps présent, 1946).

ANTOINE, AVELINE, THÉRIVE, etc. : *Georges Duhamel* (Éditions de la Revue Le Capitole, 1927).

SANTELLI, C. : *Georges Duhamel, l'Homme et l'Oeuvre* (Bordas 1947).

An asterisk in the text indicates that the phrase or word so marked has been explained in the Notes at the end of the book.

CHAPITRE PREMIER

UN DINER DE FAMILLE. DES NOUVELLES DU HAVRE.
PREMIÈRES CONSIDÉRATIONS SUR LES LENTILLES.
PROPOS DANS LA NUIT.

Dans la salle à manger, brûlait, dès le crépuscule, notre grosse lampe de cuivre, toujours bien fourbie, toujours un peu moite de pétrole. Nous venions travailler et jouer là, sous cette lumière enchantée. Maman, pour disposer les assiettes du couvert, repoussait en grondant nos cahiers et nos livres.

Ferdinand alignait avec minutie des caractères soigneusement moulés. Il écrivait, le nez sur la page. Il avait déjà grand besoin de lunettes. On ne s'en aperçut que plus tard. Joseph, les coudes sur la toile cirée, faisait semblant de répéter ses leçons, mais il lisait le journal posé devant lui, contre un verre. Cécile jouait sous la table et, de minute en minute, cessant de psalmodier " huit fois huit " et " huit fois neuf ", je cherchais et taquinais du pied la petite sauvage. Nous entendions maman remuer une casserole de fer, dans la cuisine, de l'autre côté du mur.

Joseph bâilla vigoureusement, à plusieurs reprises, et cria : " On a faim ! "

Maman parut dans le cadre de la porte. Elle s'essuyait les doigts à son tablier de toile bleue. Elle dit :

— Votre père est en retard. Mes enfants, nous allons commencer sans lui. Venez vous laver les mains.

Nous passâmes dans la cuisine pour nous laver les mains, tous, sauf Joseph qui haussait les épaules et disait : " J'ai les mains propres."

Quand nous fûmes assis de nouveau, maman vint avec la soupière. Maman ! Elle était petite, bien faite, un peu grasse, la peau tendue sur le visage plein, un gros chignon non pas dressé sur le sommet de la tête, comme c'était la mode en ce temps-là, mais bas, contre la nuque, et pesant comme un beau fruit. Des bandeaux noirs, si sages !

C'était une soupe aux lentilles. Joseph dit : " Toujours ! "

Nous étions à la fin de l'hiver. Nous n'aimions pas beaucoup la soupe ; mais la bonne chaleur descendait tout le long de la gorge et, un moment après, on la sentait jusqu'aux jarrets, jusqu'aux pieds un peu gourds dans les grosses chaussettes de laine.

De temps en temps, Ferdinand se penchait sur l'assiette pleine de brouet et il y piquait un oignon. Il gémissait : " J'aime pas ça ! " Alors Cécile tendait sa cuiller et criait : " Moi, j'en veux bien."

Après la soupe, maman posa sur la table le plat de lentilles avec une saucisse. Les deux grands commencèrent de se disputer à qui aurait le plus gros morceau, et pourtant la saucisse n'était pas encore coupée. Cécile chantait, chantonnait. Elle chante encore ainsi. Elle a toujours chanté. Maman coupa la saucisse et les grands se mirent à manger. Maman leva sa fourchette et, tout à coup, s'arrêta, comme pétrifiée. Elle écoutait quelque chose, la bouche ouverte. Elle dit :

— Voilà votre père ! Écoutez le pas de votre père dans l'escalier.

Mais nous n'entendions rien.

Père entra. Il remuait d'abord les clefs, derrière la porte, puis il faisait jouer la serrure avec vivacité.

Il entra. Les patères se trouvaient dans le petit vestibule. Papa ne s'y arrêta point. Il vint jusque dans la salle à manger. Il tenait une lettre.

— Excuse-moi, Raymond, murmura Maman. C'est encore des lentilles. Je t'expliquerai...

Papa ne répondit pas. Il nous regardait avec un sourire en même temps affectueux et ironique. Il n'avait pas quitté son pardessus qui portait un col de fourrure. Il avait son chapeau melon sur la tête. Avec ses longues moustaches blondes, presque rousses, ses yeux bleus, sa belle prestance, il ressemblait à Clovis,* au Clovis de mon livre. Il était beau. Nous l'admirions.

Il sourit encore et jeta la lettre sur la table.

— Madame Delahaie est morte, dit-il.

Maman devint toute pâle.

— Est-ce possible ?

— Vois toi-même, répondit papa. C'est une lettre du notaire.

Et il enleva son pardessus. Il avait un vêtement de coupe élégante mais qu'il jugeait fané, ce dont nous ne pouvions nous apercevoir.

Maman dépliait la lettre. Soudain, elle se cacha le visage dans son tablier et se prit à pleurer. Papa souriait, le sourcil dédaigneux. Joseph s'écria :

— Ne pleure pas, maman. Puisqu'on ne l'aimait pas, c'est pas la peine de pleurer.

Maman posa sa serviette sur la table et dit :

— C'est elle qui m'a élevée, mes enfants.

Papa venait de lisser sa belle moustache et de se passer la main dans les cheveux pour les faire boucler. Il se redressa, fit trois ou quatre fois et très fort : " hum ! hum ! " et s'assit à table. Il avait des manières gracieuses. Un véritable homme du monde comme on en voit sur les images. Il souriait toujours si joliment.

Notre mère tamponna ses yeux et dit :

— Pardonne-moi, Raymond. C'est encore les lentilles. Tu sais pourquoi. Le malheur est qu'on ne
peut pas trouver de persil en cette saison.

Père était décidément de bonne humeur. Il haussa
les épaules. Il disait volontiers : "Donnez-moi
n'importe quoi, pourvu que ce soit cuit à point et
que ça ait de l'œil." * Alors maman mettait du persil
sur les lentilles, et le plat avait de l'œil.

Papa mangea sa soupe, sans se presser, et dit à ma
mère :

— Tu ne prends plus rien ?

— Non, j'ai l'estomac serré.

— Il n'y a vraiment pas de quoi.*

Nous étions tous recueillis, dans l'attente d'événements extraordinaires. Joseph avait près de
quatorze ans et, par instants, sa voix sonnait, grave et
basse, comme celle d'un homme. Il dit :

— Si Mme Delahaie est morte, alors on va hériter...

Papa fit des épaules un geste contrarié.

— Mon cher, mêle-toi de ce qui te regarde.

— Joseph, ajouta ma mère, un homme de cœur ne
parle pas d'héritage devant un cercueil.

Le dîner fini, les cahiers rangés, nos parents nous
envoyèrent au lit.

Joseph et Ferdinand couchaient ensemble dans un
réduit qui prenait jour sur la cuisine. Comme c'étaient
de grands garçons, on leur allumait une lampe et ils
avaient le droit de lire ou de travailler une heure avant
de s'endormir. Ce soir-là, papa n'alluma point de lampe.

— Mes enfants, dit-il, vous allez dormir tout de
suite.

— Pourquoi ?

— Parce que c'est comme ça.

Nous couchions, Cécile et moi, dans la chambre de

nos parents.   Il y avait là deux grands lits de bois
disposés presque à angle droit.   Maman dormait dans
l'un, papa dans l'autre.   Nous, les petits, nous couchions alternativement dans l'un et dans l'autre et
nous nous querellions un peu pour coucher toujours
avec maman, parce qu'une mère, c'est plus doux, plus
chaud et parce que papa, craignant les coups de pied,
nous refoulait dans la ruelle.

Ce soir-là, j'eus beaucoup de peine à m'endormir.
C'était " mon tour de papa ".   Je me tenais bien serré
contre le mur et, le souffle court,* j'écoutais ce que je
pouvais entendre.   Papa et maman avaient longtemps
causé à voix basse, dans la salle à manger, puis ils
étaient venus se coucher.   Papa, les mains croisées
sous la nuque, parlait d'un air détaché.   De l'autre lit,
maman répondait.

— Nous allons commencer par quitter cette cambuse.*

— Sûrement, Raymond. Mais n'appelle pas ce
petit logement une cambuse.   Il a ses commodités.
Nous le regretterons peut-être un jour.

— Non.   Je veux un appartement de quatre bonnes
pièces, au moins. Oui, au moins. D'ailleurs, sans
ça, où mettrait-on les meubles ?

— Les meubles, Raymond !   Mais qui te dit que
nous les aurons, les meubles ?

— A qui pourraient-ils aller ?   Ta tante avait trop
le sens de la famille pour donner ses meubles aux hos-
pices.   Une chose est sûre, c'est que, d'après le testament de ton oncle Prosper...

— Mais, Raymond, ils avaient tout fait au dernier
vivant.*   Et je suis sûre que Mme Delahaie a modifié
les dispositions de son mari.

La voix de maman arrivait, un peu sourde, à travers
la nuit feutrée.

— Oh ! Ram, ne va pas te mettre à rêver.

— Rêver ! grondait mon père avec irritation. Je me demande un peu lequel de nous deux s'amuse à rêver. Une chose est sûre : ta tante Alphonsine est morte. As-tu lu la lettre du notaire ? Est-ce un rêve, cette lettre du notaire ?

— Elle est morte, Raymond. Mais qui te dit qu'elle ne m'a pas déshéritée ?

Sur ces mots, j'entendis que ma mère se reprenait à pleurer. Mon père donnait des coups de tête dans le traversin.

— Déshéritée... Déshéritée... Mais non, Lucie, ces gens-là n'avaient quand même pas assez de caractère pour te déshériter.

— Oh ! Ram, ne parle pas si durement d'eux dans un pareil moment.

— Je dis ce qui me plaît. Ils ne m'aimaient pas, ces Delahaie. Leur bête noire, voilà ce que j'étais. Leur bête noire !

— Ils ne pouvaient pas te comprendre, Ram. Tu es travailleur, tu es sobre, et courageux et intelligent, tout, mais pas à leur façon. Et tu ne peux pas t'empêcher de dire des choses et d'avoir l'air de te moquer du monde. Eux, comment voulais-tu qu'ils s'y retrouvent ?

— Tant pis pour eux.

Il y eut un grand silence. Peut-être commençais-je à m'endormir. On entendit Ferdinand tousser.

— Tu dors, Ferdinand ? demanda ma mère. Vous dormez, les enfants ?

Nul ne répondit ; mais je suis bien sûr que, pour le moins, trois paires d'oreilles, dressées, interrogeaient l'ombre.

— Lucie ! souffla mon père.

— Quoi ?

— Je préfère ne pas aller à Honfleur,* ni même au Havre, s'il faut y aller.   D'ailleurs le notaire ne parle pas de moi.   Tu es convoquée seule.

— J'irai seule, dit ma mère avec calme.   Je demanderai à Mlle Bailleul de s'occuper des enfants.

— Oui.   Pour ce qui est de l'appartement...

— Attendons un peu.   Je chercherai dès que je verrai clair dans toutes ces histoires.

Un grand silence encore et, soudain, la voix de ma mère, musicale, ailée, rêveuse :

— On m'a parlé de choses très intéressantes dans les environs de la gare Montparnasse.   Tu ne serais pas très loin de ton travail, en somme.   Et il paraît que là, on aurait enfin de l'air et même de la vue.   Tu dors, Raymond ?

— Non, mais ne te monte pas la tête, Lucie.   On verra tout ça plus tard, comme tu viens de le dire.

— Oh !   Raymond, tirer des plans, ça ne fait de mal à personne et ce n'est pas là se monter la tête.

De nouveau, le silence, la nuit plus trouble.   De nouveau, des voix languissantes, mêlées dans un interminable duo où reviennent des chiffres, des chiffres, des noms familiers, des noms inconnus, des exhortations, des soupirs.   Je m'endors.   Je dors longtemps. Je me réveille : le duo continue.   J'entends : " Il y a des postes où l'on gagne ce qu'on veut...   Après tout, quarante, quarante-deux ans, c'est la fleur de l'âge."   Je ne comprends plus rien.   Dormir est bon.

CHAPITRE II

MLLE BAILLEUL. PRÉPARATIFS DE VOYAGE.
UN TESTAMENT COMPLIQUÉ. LES SŒURS DE LIMA.
VENGEANCE POSTHUME. NOCTURNE.

Pendant toute la matinée du lendemain, ma mère fit des courses. Mlle Bailleul était notre voisine, une vieille fille solitaire, grande et charnue, qui donnait des répétitions de catéchisme * et nous faisait travailler à l'occasion. Elle avait de beaux yeux noirs que j'aimais. Quand mon père l'apercevait dans la maison ou sur le palier, il lui disait des frivolités d'un air distrait. Mlle Bailleul se mettait alors à bégayer. Elle rougissait, son beau regard paraissait presque méchant.

Ce jour-là, Mlle Bailleul vint laver et peigner Cécile. Moi, je me lavais et m'habillais seul. Ma mère avait laissé sur la table une lettre au crayon et des légumes épluchés. Mlle Bailleul lisait la lettre en reniflant. Elle alluma le feu et mit les légumes au pot, comme il était dit sur la lettre.

Maman rentra tard. Si tard même que Joseph et Ferdinand étaient repartis à l'école. Papa ne venait presque jamais déjeuner. L'après-midi, Mlle Bailleul me fit lire et écrire. Je n'allais pas encore en classe, à cause de ma santé. Je travaillais à la maison. Cécile chantait, sous la table. Maman cousait ses vêtements de deuil. Elle cousait merveilleusement vite. De temps en temps, elle s'arrêtait une seconde et regardait devant elle. Puis elle donnait, du bout de son dé, un coup sec sur la table et se reprenait à

pousser et tirer l'aiguille avec cette vivacité voltigeante
au prix de laquelle tous les autres artisans semblent
infirmes.   Parfois, sans arrêter la course de l'aiguille,
maman disait rêveusement : " Sept fois huit... " Mlle
Bailleul lançait un net " cinquante-six ! " et ma mère
soufflait, déjà repartie parmi ses pensées : " Bien sûr,
bien sûr, cinquante-six... " Elle ajoutait : " cinquante-six... Mon Dieu... mon Dieu ! "

Vers le soir, maman put essayer ses vêtements. Elle
me parut bien majestueuse au milieu de tout ce noir.
Elle nous servit à dîner et dit :

— Je veillerai jusqu'à minuit, une heure, pas plus,
et tout sera prêt pour demain matin.

Sitôt la table débarrassée, maman fit marcher la
machine à coudre. Au bout d'un moment, elle se
prit à chanter. C'était une espèce de complainte que
nous connaissions tous, mais dont je n'ai jamais bien
compris les paroles. Il s'agissait d'une femme très
belle à qui l'on avait fait une blessure au front.

Papa rentra comme nous venions de nous mettre au
lit. Je l'apercevais, assis à quelques pas de la machine
à coudre, les jambes croisées, les pouces dans les
entournures de son gilet. Il disait :

— C'est incroyable ce que j'ai pu faire de courses
aujourd'hui. J'ai vu Chevallereau, pour commencer.
Il me conseille formellement de travailler mes examens.
Il m'a promis son appui. C'est quelque chose. C'est
presque tout.

— Ram, disait ma mère, pense que nous n'aurons
peut-être pas d'argent liquide. Méfions-nous des
projets.

Papa frappait du pied.

— Je te ferai remarquer, Lucie, que ce ne sont pas
des projets, mais des résolutions. D'abord, je ne
quitte pas Cleiss. J'ai quand même là quelque chose

comme un fixe.   Même si Mme Delahaie n'était pas morte, j'allais m'y mettre, à ces examens.   Tu dis : pas d'argent liquide !   Admettons même qu'il n'y ait pas d'argent liquide !   Il y a les meubles.

— Ram, tu ne vendrais pas les meubles !

— Pourquoi non ?

— Des meubles de famille.

Mon père haussa les épaules d'un air excédé.

— On en rachète quand on veut des meubles de famille.   Il y en a plein l'Hôtel des Ventes.*

— Oh ! ce n'est pas la même chose.

Mais, déjà, maman battait en retraite.   Elle soupira :

— J'ai la tête perdue.   En tout cas, ma robe sera prête dans deux ou trois heures.

Il y eut un long silence.   Je ne pouvais pas m'endormir.   Père avait ouvert devant lui une serviette de moleskine.   Il en tirait des livres et des papiers qu'il étala sur la table.   Il travaillait, les poings aux tempes. De temps en temps, il grattait le sol avec ses pieds, comme un cheval au piquet.

Le lendemain, en m'éveillant, je vis maman qui s'habillait.   Elle attachait sur ses reins un petit coussin plein de son qu'elle appelait une tournure.   Puis elle enfila sa robe neuve, sa robe de deuil.   Puis un manteau à collet.   Enfin elle noua sous son menton les rubans de la capote.   Elle était prête et nous la regardions tous avec étonnement.   Père dit :

— Je vais aller te mettre à la gare.

— Si tu veux, Raymond.   Mais ne viens pas me chercher.   Je ne sais même pas quand je pourrai rentrer.   Deux jours.   Trois jours, peut-être plus.

Elle revint dès le lendemain soir.   Nous étions à table et père était là.   Joseph cria tout de suite :

— Quelles nouvelles ?   Quelles nouvelles ?

— Tu es toujours à te jeter sur les choses, dit papa.
Laissez votre mère se déshabiller.

Maman souriait, mais elle avait l'air soucieux et
fatigué. Elle enleva sa capote, son manteau et mit
tout de suite un tablier bleu pour ne pas tacher sa robe
neuve. Joseph répétait :

— Dis-nous les nouvelles.

Maman secoua la tête avec embarras.

— Il faut bien t'imaginer, Raymond, que ce n'est pas
simple.

— Je m'en doutais, fit papa, en souriant, l'air attentif.
Mais il se contint et poursuivit :

— Rien ne presse. Nous parlerons de tout cela
plus tard.

— Oh ! dit ma mère, si les enfants veulent bien se
tenir tranquilles...

— Alors, à ton aise.

— Comme je le pensais quand même, Raymond,
nous avons les meubles.

— Oui, oui.

Les yeux de mon père, soudain, lançaient du feu.

— Je t'en prie, Ram, ne te mets pas en colère dès
le commencement, ou, sans ça, je vais m'embrouiller
et je ne me rappellerai plus rien. J'ai la tête perdue.
Pour l'argent, tu comprends, ce n'est pas simple du
tout. Il y en a la moitié, exactement la moitié qui me
revient. Mais attends un peu. Ce n'est pas de
l'argent liquide, comme tu dis. Ce sont des titres.
Attends encore un peu.

— Je ne dis rien.

— Ce sont des titres d'une espèce spéciale, Raymond.
Je toucherai les intérêts, bien sûr, mais je ne peux pas
vendre les titres.

— Comment ! Ils sont à toi, et tu ne peux pas les
vendre ?

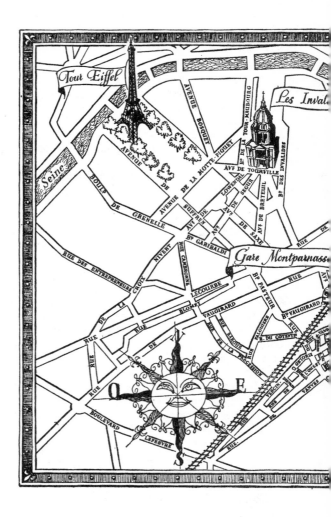

— Que je t'explique, Raymond. Ils ne sont pas exactement à moi, ils sont aux enfants.

— Quels galimatias ! A quels enfants ?

— A nos enfants. Ils sont aux enfants, en nom, et c'est moi qui touche la rente, l'usufruit, comme dit le notaire. Pour les titres mêmes, ils représenteraient à peu près cinquante mille francs...

Joseph sursauta. Ses yeux s'élargissaient. Une goutte de salive lui coula de la bouche.

— Cinquante mille francs, reprit ma mère. Ils représenteraient ça si l'on pouvait les vendre. Mais je te répète, on ne peut absolument pas y toucher jusqu'à ma mort. Tu m'écoutes, Raymond ?

De la tête, mon père fit " oui ". Mais il s'était mis à sourire et il disait, avec une sifflante suavité : " Les mufles ! Les mufles ! "

— Qu'est-ce que c'est qu'un mufle ? demanda Ferdinand.

— Tu vois, dit maman, qu'on ferait mieux de ne pas parler devant les enfants.

Mon père haussa les épaules.

— C'est ce que je te disais. Enfin, continue. Et le reste ?

— Le reste ? Attends que je me rappelle bien. Le reste est divisé en trois parts. Une part, la plus petite, est placée en viager sur la tête de ma tante Coralie et paye tout juste sa pension à la maison de retraite.

Mon père faisait, de la main, un geste impatient.

— Je ne peux pas aller plus vite, poursuivit maman. Je risquerais de tout embrouiller. Le reste, à peu près quarante mille francs, en titres, toujours en titres, est entre les mains du notaire, mais destiné à mes deux sœurs.

— Tes sœurs de Lima ? *

— Mes sœurs de Lima.

— Mais puisqu'elles sont mortes !

Maman fit le signe de la croix et murmura :

— Comme tu es impatient ! Ne t'emporte pas, Ram !

— Si tu me dis une fois encore que je suis impatient, je vais me coucher et nous ne reparlerons plus de cette histoire avant la semaine prochaine.

— Allons, Ram, laisse-moi dire. C'est justement le plus intéressant de l'histoire. Il est entendu que mes pauvres sœurs sont mortes. Du moins on me l'a dit, on l'a toujours dit. Les papiers officiels prouvant leur mort ont été demandés par mon oncle Prosper il y a sept ans. Les choses ne vont pas vite, à Lima, paraît-il. Le notaire du Havre m'a dit qu'il écrivait tous les mois pour réclamer ces fameux papiers. Écoute bien, Raymond, c'est important. Quand le notaire du Havre recevra les papiers établissant que mes pauvres sœurs du Pérou sont bien mortes, la somme déposée à leur nom nous reviendra, directement.

— En titres invendables.

— Justement non. En titres que l'on peut, c'est le notaire qui me l'a dit, vendre tout de suite et dans des conditions avantageuses. Nous aurons même l'intérêt des titres à compter du décès de tante Alphonsine. Je l'ai vue, tu sais, ma tante Alphonsine. Elle n'était pas encore en bière quand je suis arrivée. Et si peu changée ! Si bien elle-même.

— Nous parlerons de ça plus tard, Lucie. Voilà sept ans, dis-tu, que l'on réclame les actes au Pérou. Il n'y a vraiment pas de raison...

— Je sais ce que tu penses, Raymond. Il y a sept ans que l'on fait des recherches ; mais il y a seulement six mois que le notaire a commencé de se fâcher. Et

quand il se fâche, cet homme-là ! Tu ne le connais
pas : une encolure de taureau,* positivement. Alors,
ce n'est plus la même chose. Et puis, autrefois, il ne
disait pas pourquoi il demandait les actes. Les gens
de là-bas pouvaient croire qu'on en voulait à leur
argent à eux, peut-être. Maintenant que la tante est
morte, le notaire veut liquider la situation, tu comprends. Et il a dit que ça peut demander encore
quatre mois, pas plus. Vois-tu, Ram, il ne faut pas
s'emballer. Il dit quatre mois. Eh bien ! comptons
six mois.

Mon père s'était mis à marcher. Il tournait en rond
autour de la table, car la pièce était petite. Il avait les
mains nouées derrière le dos, sous les pans de sa
jaquette. Il disait à voix basse : " Quelle vengeance !
Quel raffinement de vengeance ! " Et nous restions
tous silencieux, au bord de l'angoisse, car nous ne
savions pas si notre père allait succomber à la colère
ou laisser paraître ce léger sourire méprisant qui nous
était ravissement et malaise. Il disait, mordillant le
bord de sa moustache :

— A m'entendre, on pourrait croire que j'aime
l'argent.

— Oh ! Ram ! protesta ma mère avec douleur.

Mon père s'arrêta de tourner autour de la table et
nous vîmes que le fameux sourire triomphait.

— Je ne peux pas aimer l'argent, dit-il avec sim-
plicité : je n'en ai jamais eu. Je ne sais pas ce que
c'est. Mais que j'en gagne ! Qu'il m'en tombe !
Et vous verrez tous, tu verras, Lucie, l'usage que je
suis capable d'en faire. Allez vous coucher, mes
enfants.

Nous n'osions pas protester, demander un sursis.
Nous étions en même temps fiévreux et recrus.* Mon
père, d'un geste large, un peu théâtral, nous poussait

vers le sommeil, comme un troupeau vers la bergerie.
Il s'était assis en face de ma mère et disait :

— Reprends par le commencement, veux-tu ?
Nous allons voir ce qu'on peut tirer de ce fatras.

Une fois de plus, nous allions glisser dans l'ombre,
bercés par ce ruisselant murmure qui roulait des
chiffres, des chiffres, des projets, des soupirs, des
rêves, des grondements et parfois un rire informe, un
sanglot.

CHAPITRE III

LA RUE VANDAMME. ANATOMIE ET PHYSIOLOGIE
D'UNE MAISON DE PARIS. CE QU'ON VOIT D'UN BAL-
CON. CALCULS ET PROJETS. CONTAGION DES RÊVES.
DÉCOUVERTE DES MEUBLES. PREMIER MYSTÈRE
ORPHIQUE. LE BAROMÈTRE.

Les quelques scènes que je viens de retracer forment
à mon enfance un prélude nébuleux. C'est rue
Vandamme que je commence. C'est là que le voile
se fend, là que, pour la première fois, se font entendre
avec force les trompettes déchirantes de la douleur,
de la joie, de l'orgueil.

Nous disons toujours : la rue Vandamme. C'est,
en fait, impasse Vandamme que nous avons habité.
Quand ma mère était revenue, expliquant avec lyris-
me les grâces et les privilèges de cet appartement visité
le matin même, père avait froncé le sourcil.

— Jamais, disait-il, jamais je n'irai loger dans une
impasse. Quand bien même on m'offrirait toute la
maison. Une impasse ! Un cul de sac !

Il avait consenti quand même à visiter l'appartement
et son humeur s'était adoucie.

— C'est très agréable. Aucun doute. Mais qu'on
ne parle pas d'impasse. Nous dirons la rue Vandamme.

La maison ! Elle est, dans mon souvenir, comme un
donjon, comme une citadelle, notre acropole : pierre de
taille par devant, rocailleuse meulière sur les hauts
flancs aveugles. Assez neuve, et déjà toute poudrée de

flammèches et de suie. Carrée, massive et presque seule encore de son espèce dans ce quartier fait de petites bâtisses provinciales et de masures villageoises.

Une citadelle, certes, un repaire, un creux à nous, ouvert seulement sur les nuages et les clartés du ciel parisien, un asile sacré où toutes les choses de nous, les espérances, les ambitions, les détresses, les discords, les chimères, tous les mystères de la famille vont, pendant des années, fermenter, cuire et recuire dans une brûlante moiteur.

La porte de la rue est ouverte tout le jour. Le soir, elle se referme avec un bruit caverneux et les gens disent le mot de passe avant de trébucher sur les degrés. Dans sa partie inférieure, l'escalier est obscur, même au fort de la belle saison. Un papillon de gaz y languit. L'escalier est de bois. On a dû le cirer au début des temps et, par la suite, se contenter de le brosser à l'eau de Javel * : il passe quand même trop de monde. Quand, avec le poing bien serré, on donne un coup sur la rampe, une longue vibration la saisit et s'envole jusqu'au ciel. Un enfant est mort, tout le monde sait cela, pour avoir voulu, l'imprudent, glisser le long de cette rampe, à cheval. L'escalier monte, monte, à travers des familles et des familles superposées comme des couches géologiques. On entend ici une mandoline, là un petit chien qui jappe, à droite le poitrinaire qui respire avec tant de peine. Et, déjà, c'est la grosse dame à l'éternelle chanson : " je t'aime, comprends-tu ce mot ? " Et le tap... tap... du monsieur qui travaille chez lui à des choses incompréhensibles. Et, partout, les machines à coudre et des piétinements d'enfants dans les couloirs, et des voix d'hommes et de femmes qui parlent et se querellent à propos des affaires de leur clan. Tout cela si clair à l'oreille fine et distraite du petit garçon. Tout cela

très étouffé, très amorti par des murailles, des portes,
des vêtements humides pendus à des clous, des épais-
seurs d'air domestique dix et dix fois respiré.   Et l'on
sait ce que l'on mange à toutes les altitudes.   L'odeur
de l'oignon grimpe comme une bête le long des
marches.   Elle furette, rôde, s'accroche à toutes les
aspérités.   Elle va réveiller le vieux garçon qui travaille la nuit durant et qui se lève à trois heures.
L'odeur de l'oignon !   Un trou de serrure lui suffit,
une fente, un nœud du bois.   On dirait qu'elle fait
son chemin à travers la brique et le plâtre.   Mais
l'odeur du hareng frit est farouche et plus puissante
encore.   Elle arrive, par paquets, comme une troupe
d'assaut ; l'odeur de l'oignon prend peur et lâche
pied.   L'odeur du hareng frit campera là jusqu'à
demain.   On ne la respire pas, on la touche.   Elle
est gluante et colle aux doigts.

Un étrange tremblement a saisi la bâtisse.   Cela
commence par les moellons enfouis sous les caves,
dans les entrailles de la terre.   Cela gagne, petit à
petit, tout le squelette du monstre et ça se propage, ça
monte.   Des bouteilles grelottent contre le mur d'une
cuisine.   Des vitres se prennent à chanter.   Ici, là,
d'autres voix s'éveillent, entrent dans le chœur, une à
une. Présent ! Présent ! Présent ! voilà ce que
répondent, à droite, à gauche, en haut, en bas, tous les
objets inquiets dont la nature est de frémir.   Le
grondement s'enfle, s'exaspère.   Avec une terreur
jubilante, la maison tout entière salue le train hurleur
qui lui passe contre le flanc, dans le lacis des rails, au
nord.   Le vent rabat sur nous les escadrons de la
fumée.   Une fine poudre de ténèbres va pleurer sur
les balcons.   L'odeur de la houille ardente est entrée
par une imposte avec une grosse boule de vent.*
L'odeur des trains, comme elle est familière !   Nul,

ici, ne la salue plus d'une pensée, sauf le petit garçon
à tablier noir qui monte l'escalier en suçant une bille.

L'escalier n'est pas désert. Des portes s'ouvrent,
des ombres jaillissent. Les gens sont de trois sortes :
ceux à qui l'on dit bonjour, ceux que l'on ne connaît
pas, et les autres, les ennemis, ceux qu'on aimerait
beaucoup mieux ne pas rencontrer.

L'escalier sort du noir. Il se purifie, marche à
marche. Il s'évertue en plein ciel vers ces régions
bénies où l'odeur du poireau elle-même devient agreste
et balsamique. Et, tout à coup, tel un sentier abrupt
qui s'épanouit enfin dans les pâturages d'un col,
l'escalier triomphe et meurt au seuil d'un large palier.
Ce n'est pas un palier semblable à ceux des régions
basses. Il est spacieux, propre, visité d'un trait de
soleil à certaines heures du soir. C'est, au faîte de
l'escalier, comme la fleur au bout de la tige. O sommet ! O lieu de rêve et de poésie ! L'enfant aime
de venir, bien que ce soit défendu, s'asseoir au bord
de l'abîme, jambes flottantes dans le vide, et d'appuyer
sa joue, sa bouche contre un des barreaux de la rampe,
fraîche brûlure.

Sur cette clairière céleste s'ouvraient quatre appartements. L'un était vide, je ne l'ai connu que vide.
Ma mère obtint, par la suite, d'y dresser la table pour
la première communion * de Ferdinand. Sitôt la
ripaille finie et le coup de balai donné, l'appartement
mystérieux fut rendu pour jamais à l'ombre, aux araignées, aux fantômes. L'appartement symétrique était
occupé par le vieux ménage Courtois que, dans les
premiers temps, nous apercevions à peine. Enfin
les deux appartements de la façade ; à droite les
Wasselin, à gauche les Pasquier, nous.

Père avait demandé quatre pièces au moins : il y
avait quatre pièces. Elles donnaient toutes les quatre,

3

magnifiquement, sur la rue, et, comble d'orgueil, sur
un balcon.   La rue, le moignon de la rue, qui pouvait
y penser d'abord ?   Elle était en bas, tout en bas,
noyée parmi les ombres infernales.   A peine la fenêtre
ouverte, l'âme s'envolait sur Paris.   Ce n'était pas le
Paris clair et bien dessiné qu'on découvre du haut des
collines illustres.*   C'était une immensité confuse de
toits, de murs, de hangars, de réservoirs,* de cheminées, de bâtiments difformes.   A gauche, en se pen-
chant, on apercevait la tour Eiffel * enfouie à mi-corps
dans ce chaos rocheux, et qui, lors de notre emménagement, était à peine achevée.

Le signe le plus évident de l'ordre et de l'esprit dans
ce paysage incohérent, c'était le chemin de fer de
l'Ouest.   A peine sorti de la gare Montparnasse, alors
fort resserrée, il étalait ses membres, déclarait ses
emprises, tirait partout des fusées de rails, jetait à
droite et à gauche des rotondes, des ateliers, des
plaques tournantes, des sémaphores.   Il venait, comme un torrent d'énergies furieuses, battre le flanc
septentrional de notre chère maison.

Mère avait dit : " Cette fois, Raymond, tu auras une
pièce pour toi tout seul.   Oh ! je te comprends !
Comment faire un travail de tête avec tous ces enfants
qui braillent ? " et papa, donc, avait une pièce que l'on
appelait le cabinet de travail mais qui, en fait...

Avant de m'abandonner aux délices de notre logis,
il me faut sans doute revenir un peu en arrière.   Les
souvenirs se présentent, une branche de myrte aux
doigts, une couronne de roses au front, et, parfois, les
mains vides et le front dévasté.   Je les chéris, je les
redoute.   Faut-il, selon leur message, les repousser
dans le néant ou les dédier au soleil ?   Oh !   Comme
je vais être injuste !

Ma mère avait, deux fois, dû retourner à Honfleur.

Elle fit même la traversée de l'estuaire * pour signer
maintes paperasses chez le notaire du Havre. Elle
revint un jour, tout était arrangé.

— Au fond, Ram, disait-elle, tu as raison, tu as
toujours raison. Les meubles, il y en avait trop,
beaucoup trop, même pour un appartement de quatre
pièces. Alors, j'ai fait un choix. Et le reste on l'a
vendu sur place, aux enchères. Je ne peux pas dire
que ça ne m'ait pas fait gros cœur. Il y avait, là-
dedans, le secrétaire de tante Victorine. Un bijou !
Mais quoi ! Les enfants n'en auraient fait qu'une
bouchée.* La vente n'a pas été mauvaise. Tu ne me
demandes pas combien j'en ai tiré ?

Mon père souriait, énigmatique. Ma mère lui dit
deux mots à l'oreille, et père souriait encore. Ma
mère tira de son corsage une petite enveloppe. Papa
la saisit au vol, avec légèreté, comme il eût fait d'un
papillon. Il disait : " Je pose zéro et je retiens tout."*
Maman, saisie, le souffle un peu coupé, murmurait :
"Fais bien attention, Ram."

Mon père se livrait à de rapides supputations.

— Nous en avons pour quatre mois, cinq mois
peut-être.

— Attends, Ram. Avec les deux premiers trimestres de rente, avec ce que tu as chez Cleiss, nous
irons jusqu'au mois d'octobre. Tu pourras bien
tranquillement travailler tes examens.

— En admettant, disait papa, que les démarches du
notaire prennent six mois, ce qui est un grand maxi-
mum, eh bien, nous pouvons attendre six mois. Il y
a le déménagement. As-tu pensé au déménagement ?

— Oui, disait maman, l'œil soudain fixe. J'ai fait
tous les comptes, dans ma tête, en chemin de fer ;
j'ai compté le déménagement, et deux termes, et la
traite Vadier…*

— Quelle traite ?

— La traite que tu as signée le 15 janvier.

— C'est bien possible.   Et c'est tout ?

— Non.   Il faut habiller tous les enfants.   J'ai fait les comptes aussi.   Je vais t'expliquer, Raymond.

Mon père poussait de longs soupirs.

— Et je pensais qu'on allait avoir un peu d'argent devant soi.

— Mais on en a, Ram.   On en aura.   Songe : quarante mille francs au mois d'octobre si nous vendons tous les titres, bien entendu.   On en fait des choses, avec quarante mille francs !   Des années de tranquillité assurées.   Tes examens passés.   Des études pour Joseph et même pour Ferdinand s'il y prend goût.   Et peut-être des vacances à la campagne. Si Nesles * ne te dit rien, on irait ailleurs.   Pas cette année, bien sûr !   Quand on aura reçu les nouvelles du Havre.

Mon père faisait, des épaules, un geste vague.

— Pas trop de projets. Te voilà partie, encore une fois.

Maman s'arrêtait, stupéfaite, un fil de cristal entre ses lèvres écartées.   L'éternel jeu reprenait flamme, ce jeu que j'ai si bien compris plus tard.   Maman était la moins chimérique des créatures.   Elle était pétrie de prudence et de crainte.   Mais un mot de papa la faisait rêver.   Qui croire, grand Dieu ! si l'on ne croit pas cet homme extraordinaire ?   Et mère, un mot de papa dans le cœur, s'envolait.   Père avait le rêve plus furtif.   Le mot lâché, il considérait avec surprise, avec agacement, l'essor de cette âme confiante.   Il répétait :

— Pas trop de projets !   Mettons que nous sommes parés jusqu'au mois d'octobre.   Voir clair un peu devant soi, c'est déjà quelque chose.   Occupe-toi de l'appartement.

Ma mère s'était mise en campagne.   Et elle avait

trouvé la rue Vandamme.   Il y avait eu maints pour-
parlers mystérieux et, un jour, maman avait dit :
— Les meubles sont arrivés.
Alors, papa :
— On y conduira les enfants demain.
Nous restions muets de contentement et de gratitude.
Le lendemain, tout nous avait transportés.   La
maison, l'escalier, l'appartement, certes, le balcon,
l'énorme lambeau de ciel gris, et surtout, les meubles
inconnus, tous ces trésors solides et brillants qui
allaient être à nous, qui étaient à nous.
— Ici, disait maman, tu pourras travailler tranquille,
à condition, bien entendu, de fermer ta porte.   Tu
n'auras plus besoin d'aller dans les bibliothèques.
Joseph poussait un cri :
— Un piano.   Il y a un piano !
Il avait soulevé le couvercle sous lequel on lisait
en lettres d'or : " Hirschauer, fournisseur de la cour
impériale." *   Et, déjà, il posait sa main sur le clavier
comme sur une bête inconnue, avec un peu de crainte.
Alors, une chose étonnante...   La petite Cécile, la
petite souris, venait de se glisser entre nos jambes.
Et, tout de suite, elle s'était assise sur le tabouret de
satin à fleurs.   Avec un doigt replié, elle frappait les
touches.   Le piano rendait des sons très mystérieux,
très beaux.   Cécile s'était mise à chanter un de ses airs.
Et nous ne savions plus si le chant venait du piano ou
de la gorge enfantine.
— Oh ! dit maman.   Celle-là, c'est une musicienne.
Je l'ai toujours dit.   Elle portera bien son nom.*
Nous nous étions assis, tous, de-ci, de-là, sur les sièges
empoussiérés par le voyage.   Papa disait : " Joue-nous
donc cet air de ta mère.   Tu sais : *Marie Leczinska...*" *
Cécile chantait, jouait, je ne sais trop, comme saisie
d'inspiration.   Sa main voltigeuse faisait sourdre du

vieux meuble perclus des accents célestes. Comme
elle avait l'air à son aise ! Comme elle semblait dire :
" C'est un piano, mon piano. Je sais ce que c'est.
J'ai toujours su ce que c'était... " Père tirait sur sa
longue moustache, l'air ému, le bleu de ses yeux voilé,
pâlissant. Et ce qui nous remuait le plus, c'était
moins encore d'assister à la naissance de l'harmonie
souveraine que de voir le moqueur, l'homme insaisissable, l'irréductible, gagné par l'enchantement, tout
prêt à demander merci.

Et l'enchantement prit fin. Papa secoua la tête
et se remit à sourire. Il disait : "Voyons le reste."

Le reste était royal. Il y avait une bibliothèque
garnie de livres, une vitrine pour des assiettes de
faïence, un buffet d'acajou, une commode couverte
d'une plaque de marbre pie. Nous touchions toutes
ces merveilles, nous aurions voulu les embrasser.
Joseph, haletant, nous expliquait le secret suprême :

— Une chose qui est à toi, vraiment à toi, tu peux
tout, tout, même la manger, même la casser. Tout.

Il y avait, dans leurs cadres ouvragés, des gravures
qui, si longtemps, ont servi d'asile à mes rêves. Il y
avait deux grands lits de bois, majestueux comme des
navires, et entre bien d'autres choses, un monumental
baromètre à mercure. Les déménageurs l'avaient
couché, pour le transport. Une grosse perle liquide
était tombée sur le parquet. Quand nous voulûmes
la saisir, elle s'enfuit, comme une bête vivante.

Vingt fois, dans la suite des temps, le grand baromètre a voyagé de gîte en gîte. Vingt fois les déménageurs l'ont couché dans la paille avec des précautions
pataudes. Il a dû, vingt fois, saigner ses grosses
gouttes de mercure. Il existe encore et continue de
marquer la pluie, l'orage et le beau temps, comme tous
les autres baromètres, avec une sauvage indifférence.

CHAPITRE IV

PATRONS, COUPE ET COUTURE. ORIGINE D'UN CARAC-
TÈRE HÉRÉDITAIRE. ENTRETIEN SUR LES TESTA-
MENTS ET LES TESTATEURS. CULTE DU DICTIONNAIRE.
COMMENT S'EMPÊCHER DE DORMIR. UNE PROMENADE.
UN REPAS AU RESTAURANT.

Nous fûmes tous habillés de neuf. Grande affaire
et qui mit en état de siège l'appartement à peine in-
stallé. En général, Ferdinand reprenait les habits de
Joseph, et les habits de Ferdinand, lavés, reprisés,
pliés, attendaient dans un tiroir que je fusse en âge
de leur donner le coup de grâce. Mais maman
voulait que notre début rue Vandamme fût considéré
comme une date capitale et nous reçûmes tous des
vêtements neufs.

— Oh ! disait-elle, je ne jette pas les vieux. Tu sais
bien que je ne jette rien. J'ai fait mes comptes. Avec
ce que tu me donnes, ils auront aussi du linge. Pour
les chaussures, je dépasserai peut-être un peu ce que tu
me donnes.

— Attention, Lucie !

— Il faut absolument aller jusqu'aux chaussures
pendant qu'on le peut. Je suis raisonnable, Raymond. Mais, pour ça, tant pis ! Au bout, le bout ! *
Que les enfants soient propres pour commencer. Je
m'arrangerai. Ne te tourmente pas.

Elle partit en expédition dans ces mystérieux
"magasins" où les personnes prédestinées parviennent,
à travers mille tentations, à dénicher exactement

ce qu'elles souhaitent, et à des prix plus avantageux
qu'on n'oserait l'espérer.   Notre nouvelle salle à manger fut transformée, comme l'ancienne, en atelier de
couture et maman commença de rêver sur des patrons
de papier gris.   Elle avait l'air d'un général qui con-
sulte ses cartes et combine une bataille.   De gros
ciseaux en main, elle, si vive, réfléchissait longuement
avant de tailler à même l'étoffe.   Parfois, elle nous
criait : "Taisez-vous une minute, mes enfants, que je
voie clair."   Nous faisions silence, frappés par la gravité
de son accent, de son geste.   Et, soudain, avec un bruit
crissant et glouton, les ciseaux mordaient le drap.

Joseph devait recevoir un complet de jeune homme,
avec, pour la première fois, un pantalon long.   Il se
montrait plein d'exigence, ne quittait plus maman
d'une ligne, car les vacances de Pâques étaient venues.
Il réclamait opiniâtrement des revers à la mode, des
boutons de fantaisie, des poches innombrables.   Maman disait : " Sois tranquille, ce sera comme chez le
tailleur."

Elle savait tout faire :   couper les vêtements
d'homme, faufiler, piquer, broder, tricoter, passer à la
teinture, laver, repasser.   Quoi donc encore ?   Eh !
tout, dis-je.

Joseph, rassuré, s'asseyait sur un petit banc et sur-
veillait mère, en-dessous, comme un chat dont on
prépare la pitance.   Ferdinand, dans un coin, s'achar-
nait à quelque lecture.   Cécile et moi, nous organi-
sions notre royaume, sous la table.   Parfois, dans le
calme du jour, un coup de sonnette retentissait.
Père ne devait rentrer qu'au soir, toute la couvée
pépiait à l'entour, qui donc venait troubler la paix du
nid ?   Maman portait la main à son cœur.   " Oh !
disait-elle, cette sonnette me tourne le sang.   Qu'est-ce
qu'on nous veut ?   Va voir, Ferdinand !   Non,

Cécile ! Non ! Ah ! je finirai bien par trouver.
C'est Joseph que je veux dire." Joseph se levait.
Une bouffée d'air étranger entrait dans notre monde.
C'était une lettre. "Donne ! criait maman. Peut-
être une lettre du Havre..." C'était une lettre de
quelque fournisseur. Le silence, un moment troublé,
reprenait son vol, plus tendre et plus grave.

— Maman, disait Joseph, quand la sonnette a
sonné, ton menton s'est mis à trembler. Qu'est-ce
que ça veut dire ?

Pour la sixième fois, maman racontait l'histoire :

— Mes enfants, c'est de famille, mais ça n'a pas
toujours été. Ça nous est venu par mon grand-père
paternel, Guillaume. Oui, Guillaume Delahaie. Il
est mort comme j'étais encore toute petite. On m'a
tout raconté. Il avait été soldat pendant les guerres
de l'Empire.* Pas notre empire à nous,* l'autre, le
grand. Il avait servi sous Ney,* le maréchal, qui le
connaissait bien. Quand l'Empire est tombé pour
la seconde fois et que le pauvre Ney a été fusillé,
votre arrière-grand-père s'est trouvé, par malheur et
misère, dans le peloton d'exécution. Le maréchal
Ney l'a reconnu et lui a dit : "Tire donc, Guillaume !
N'aie pas peur." Mes enfants, votre aïeul s'est mis à
trembler du menton, tant il était bouleversé. Et il a
tremblé du menton tout le reste de sa vie, pour un oui,
pour un non. Et les enfants qu'il a eus, par la suite,
ont tremblé du menton, ce qui ne s'était jamais vu
dans la famille. Mon père, tout le monde me l'a dit,
tremblait du menton quand il était en colère. Mon
oncle Prosper tremblait aussi, dans les grandes circonstances. Moi, je tremble du menton, comme ça,
malgré moi. Pour vous, on ne sait pas encore. Mais
je crois que Laurent tremblera. C'est peut-être un
Delahaie, bien qu'il ait des yeux Pasquier...

Mes frères et sœurs me regardaient avec un intérêt renouvelé. Je rougissais d'orgueil et j'essayais, mais en vain, de trembler du menton.

Mère se reprenait à chanter. Parfois, elle faisait, à la cantonade, quelque confidence pensive touchant son travail. Elle disait : " Je vais bâtir." Je savais bien qu'elle allait prendre une aiguillée de fil et coudre à grands points. J'avais toutefois le temps d'imaginer qu'elle pouvait, par magie, faire surgir de la table des murailles, des palais, des tours.

Parfois, une querelle s'enflammait parmi nous, les petits. Nous nous mettions à larmoyer, à ressasser nos griefs. Avec son dé, maman frappait deux ou trois coups sur la table. Elle grondait : " Ah ! Bourdon de Notre-Dame ! " * ce qui nous faisait rire. Parfois, la querelle expirait en radotages, en revendications rabâcheuses. Ma mère, alors, hochait la tête et disait, l'air fâché : " Ah ! Colonel ! "

Papa, le plus souvent, rentrait pour dîner. Il portait une cravate lavaillière, un complet neuf, une serviette bourrée de livres sous le bras. Nous lui disions : " Tu as l'air d'un écolier." Et cette remarque le faisait sourire. Il posait sa serviette et disait :

— Rien du Havre ?

— Tu sais bien, répondait maman, qu'il faut compter au moins quatre mois.

— Je sais, mais ça pourrait venir plus tôt. Une chance ! Quelquefois, ces affaires-là se décident tout à coup.

— Prends patience, Ram.

— Oh ! la patience, j'en ai de reste. Le fâcheux c'est de laisser passer les occasions.

— Quelles occasions ?

— On m'a parlé, aujourd'hui... Je peux te dire qui : c'est Markovitch, le beau-frère de Cleiss. Il m'a

parlé d'une affaire extraordinaire. Un placement.
Mais songe un peu, Lucie : douze pour cent ! Et tout
ce qu'il y a de sûr. Les titres de Mme Delahaie, je
veux dire ceux qui sont déposés chez le notaire jusqu'à l'arrivée des nouvelles d'Amérique, ces titres-là,
qu'est-ce que ça peut rapporter, je te le demande ?
Du trois. Pas plus. Peut-être moins. Les Delahaie
étaient des gagne-petit, des gens qui ne voyaient pas
plus loin que le bout de leur nez.

— Raymond ! Raymond !

— C'est fini, ne t'inquiète pas. Je n'en dirai pas
plus. Cet argent, nous ne l'avons pas demandé :
nous n'y pensions même pas. Et voilà qu'ils l'ont
pendu devant notre nez comme un bonbon à une ficelle.
Quelle humiliation !

— Que veux-tu, Ram ? C'étaient des gens prudents.

— Je déteste les prudents.

— Des gens raisonnables, je t'assure... Tu sais
bien, Ram, que je leur donne tort. Mais laissons-les
dormir en paix.

Papa grondait, une minute, comme un grand félin
courroucé. Nous ne savions plus où nous cacher,
dans la crainte d'une colère.

L'orage s'éloignait. Papa se reprenait à sourire
bleu-clair.* Nous étions soulagés et, dans le secret
de notre cœur, un peu déçus, frustrés d'un spectacle
grand et magnifique, d'une somptueuse et terrible
manifestation de force.

La voix même de l'innocence, Ferdinand murmurait
alors :

— Qu'est-ce que ça veut dire : apicole ?

Papa répondait, d'une voix nette, précise. Nous
n'étions pas étonnés : c'était sa fonction. Il savait
tout et l'expliquait clairement. Il était notre vivant

lexique.   J'ai compris, par la suite, qu'il avait fait un
effort immense et naïf pour apprendre les mots et leur
sens et que, dans ses calculs, c'était bien là le commencement de tout, l'échelon initial, le premier grade
nécessaire à l'ascension d'une tribu.

Parfois, l'explication donnée, père disait : " Véri-
fions ! "   Il ouvrait, sur la table un tome pesant du
dictionnaire de Littré.*   Tous ceux qui savaient lire
venaient se grouper autour de cette bible.   Maman
s'affolait :   " Attention aux épingles !   Attention à
mes bâtis ! " *   Alors, père commençait à lire.   Maman cessait de se plaindre et toute la famille écoutait,
religieusement.

Pendant le dîner, papa revenait sur la querelle, mais
pour en sourire.

— Cet argent des Delahaie, nous ne l'avons pas
demandé.

— Oh ! bien évidemment, affirmait maman.

— Si nous le touchons jamais, nous le dépenserons
sans honte.   Et rien ne m'empêchera de dire et de
redire que ces Delahaie étaient des pantoufles.*

— Mais, bredouillait maman, nous le toucherons
sûrement.   Tu dis " si," " si "…   Maintenant, maintenant, nous sommes bien obligés de compter avec.
Que ferions-nous sans ?

Le dîner fini, nous allions au lit.   La machine à
coudre ronflait et père se mettait au travail.   Il avait,
sans doute par dévotion pour Balzac,* ce que j'ai
deviné plus tard, déniché dans une friperie une ample
robe de bure.*   Il s'en vêtait, moitié par jeu, moitié
pour conjurer le froid de la nuit.   Je couchais encore
avec ma mère et l'on faisait un lit pour Cécile sur le
canapé du " cabinet de travail ".   C'était le nouvel
arrangement.   Souvent, dans la nuit, Cécile incom-
modée par la lumière se mettait à rêver tout haut.

Papa la prenait et la portait dans le lit de maman.
Il m'enlevait, en échange, et venait me déposer sur le
canapé de Cécile. Le plus souvent, cette opération
ne nous réveillait point et c'était, au matin, grande
surprise. D'autres fois, tiré de l'abîme, j'ouvrais les
yeux et regardais. Assis dans un petit fauteuil à
dossier bref, papa travaillait. Je le voyais tantôt de
profil et tantôt de trois quarts. Une lampe à pétrole
éclairait la table. Certains soirs, père écrivait des
choses qu'on appelait " les articles pour Cleiss."
A d'autres moments, il lisait, plume en main. Il
remuait les lèvres, comme un écolier qui répète une
leçon. Parfois, je voyais sa tête se pencher, se pencher, glisser vers sa poitrine. Alors il faisait une
chose étonnante : il mettait son poignet au-dessus du
verre de lampe et le tenait là longtemps. Une odeur
de poil grillé se répandait dans la pièce. Parfois, il
tirait de sa poche un canif à manche de nacre et, pour
conjurer le sommeil, il se donnait des coups de pointe
sur le dos de la main gauche. Il avait, le lendemain, la
main rouge et gonflée. Mère le regardait en hochant
la tête avec reproche.

J'allais enfin retomber au sommeil quand, à travers
l'ombre, arrivait, du fond de l'appartement, un léger
" hum ! hum ! "

Papa criait, à voix basse :

— Comment, Lucie, tu ne dors pas !

Et la voix de maman, lointaine :

— Non. Je fais mes comptes.

Elle ajoutait, sur le même ton :

— Le combien du mois sommes-nous ?

— Le 19.

— Seulement le 19, Seigneur !

Je ne devais pas tarder à comprendre que, pour les
femmes de cette sorte, vivre, c'est se hâter d'arriver à

ia fin du mois sans avoir beaucoup dépensé, sans avoir entendu le terrible appel du sphinx.*

Je l'ai dit, nous étions dans le moment de Pâques. Ces vacances furent marquées par deux faits mémorables. Nous allâmes, un jour, les trois grands, Joseph, Ferdinand et moi, faire avec père une promenade à la campagne. En suivant la rue Vercingétorix, on sortait bientôt de Paris. Il suffisait alors de longer le chemin de fer de l'Ouest pour gagner Meudon * et les bois. La banlieue se pâmait sous un printemps léger, bien fait pour donner le vertige à de petits citadins. En arrivant en vue du bois, nous rencontrâmes un sentier gardé par un écriteau sur lequel on pouvait lire : " Passage interdit." Ferdinand, premier de la bande, s'était arrêté, là-devant, comme au pied d'une muraille.

— On ne peut pas aller plus loin, cria-t-il.

Papa souriait, l'air moqueur. Il étendit la main, toucha l'écriteau dont le bois était vermoulu, et, soudain, l'arracha puis le lança très loin, dans une fondrière.

— Voilà, dit-il, en souriant. Le passage n'est plus interdit. Avancez, mes garçons.

Je restais en arrière, clignant des paupières, troublé jusqu'au fond de l'âme.

L'autre événement fut un repas au restaurant. Nous avions fait des courses tout le jour. Papa dit :

— Rien n'est prêt, à la maison. Nous irons manger au restaurant.

— Raymond, dit maman, c'est une folie.

Et papa :

— On verra bien !

Le restaurant était presque désert et la salle, peinte en vert d'eau,* traversée par un énorme tuyau de poêle.

Maman disait :

— Ça me surprend toujours de manger des aliments que je n'ai pas préparés moi-même.

Nous trouvions tout délicieux et, surtout, de goût étrange.

— C'est un restaurant très chic, murmura Joseph en se rengorgeant.

— Mais non, fit papa, lointain. C'est un restaurant de quatre sous.

Notre grande joie tomba. Maman murmurait :

— Il ne fallait pas le leur dire. Ils ne s'en seraient pas aperçus.

Nous revînmes à pied rue Vandamme. Les vacances étaient finies. Une vie nouvelle devait commencer le lendemain. Nous en causions tous en chœur et papa daignait se mêler à nos propos. Joseph allait entrer au cours complémentaire de la rue Blomet.* Nous étions, Ferdinand et moi, casés à l'école de la rue Desprez où l'on nous acceptait pour au moins la fin du semestre. Cécile devait prendre des leçons de musique chez une amie de Mlle Bailleul. Des mois heureux s'annonçaient pour tous. O douce vie ! O le plus bel été de mon enfance ! Comme le navire bien lesté, bien gréé, bien pourvu, se confiait allégrement à la faveur des brises !

CHAPITRE V

PREMIÈRE APPARITION DE DÉSIRÉ WASSELIN. CURIO-
SITÉ DE FERDINAND. L'ÉCOLE DE LA RUE DESPREZ.
SILHOUETTE ET VERTUS DE M. JOLICLERC. UNE LEÇON
D'ARITHMÉTIQUE. UNE LEÇON DE CHOSES.
TRISTESSE MATINALE.

Mère m'embrassa trois ou quatre fois pour me donner courage. Elle me serrait très fort, humait à petits coups mes cheveux et faisait entendre un léger ronron, comme les gourmets quand ils mangent quelque chose de fin.

Puis maman, d'un coup d'œil, inspecta mon équipement : le tablier de cheviote noire, le grand béret, la pèlerine à capuchon, mon cartable neuf.

— Ça va bien, dit-elle. Ferdinand est prêt. Vous allez partir. J'ai vu le directeur. On vous attend là-bas. Désiré Wasselin * vous conduira. Il est de ta classe, Laurent, et c'est déjà presque un petit homme.

Désiré nous attendait sur le palier, car nous habitions porte à porte. Il avait l'âge de Ferdinand, trois ans de plus que moi, pas davantage ; mais c'était un colosse. De larges pieds, de grosses mains toujours moites, une tête globuleuse, bossuée, avec des yeux noirs, enfouis, au regard désolé. Il devait être laid pour les étrangers, et pourtant il me plut, tout de suite, il me toucha le cœur. Je lui pris la main avec beaucoup de confiance et d'élan. Sa mère était debout contre leur porte. Je la vis à peine, ce matin-là. C'était une personne au visage flétri, assez belle encore, malgré sa mise négligée.

— Votre fils a l'air si doux ! disait maman.

Et Mme Wasselin répondait d'une voix rauque :

— C'est un ange, un ange !   Et pas vicieux comme les autres.

Nous descendions cependant l'escalier. Je me sentais soulevé d'une gratitude exquise pour ce fort garçon dont la patte chaude serrait mes doigts.   Ferdinand trottait derrière nous, avec cet air un peu égaré que lui donnait, que lui donne toujours sa myopie.   Il dit, à un certain moment :

— Tu es plus grand que moi, Désiré.   Et tu es seulement dans la classe de Laurent ?

— Oh ! moi, répliqua Désiré, moi, je suis un mauvais élève.

Ferdinand gloussa doucement.   Cette confidence l'étonnait.   Il était lui-même considéré comme un élève médiocre et mal doué ; mais il travaillait et il en tirait orgueil, car il ne pouvait, dès cet âge enfantin, concevoir qu'un effort grand et douloureux dût, en bonne justice, demeurer stérile.

Comme nous cheminions dans le brouhaha matinal, il harcelait Désiré de questions :

— Tu ne travailles pas ?

Désiré secoua la tête.

— Non.

— Tu n'aimes pas ça ?

— Non.

— Tu ne comprends pas ce qu'il y a dans tes livres ?

— Si.

— Alors ? fit Ferdinand stupéfait.

Désiré hochait lentement sa grosse tête.

— Ça ne m'intéresse pas.

— Ah !   Et qu'est-ce qui t'intéresse, toi ?   Rien ?

— Si.

— Quoi ?

— Des choses, des choses…

Désiré rougit très fort et ne dit plus rien. Les gros camions du chemin de fer de l'Ouest, tirés par des percherons satinés, ébranlaient le pavage. Nous arrivions rue Desprez.

La cour fourmillait d'enfants dont les cris me terrifièrent, ignorant que j'étais encore de l'école et de ses coutumes. Un gringalet grimaçant s'approcha de moi, saisit mon béret et prit la fuite. J'étais perdu. Désiré, sans bouger, fit alors entendre une voix énorme et brutale. Il criait, comme pour appeler un chien :

— Ici, Gabourin ! Ici !

Le gringalet revenait, l'air soumis, presque rampant. Il tendit le béret en prenant maintes précautions pour ne pas recevoir une torgnole. Désiré grondait :

— Va-t'en !

— Toi, tu es fort, soupira Ferdinand, soudain respectueux.

Presque à voix basse, Désiré Wasselin répondit :

— Oui.

Puis il nous entraîna vers un gros homme à barbiche blanche et fit le salut militaire, avant de nous présenter.

— Monsieur le Directeur, voilà les petits Pasquier.

— Bien, dit le gros homme. Charge-toi du plus jeune. Je vais m'occuper de l'autre.

Là-dessus, le directeur introduisit un sifflet d'étain entre les poils de sa barbe, et, gonflant ses joues, siffla.

Était-ce le sifflet du magister ? N'était-ce pas plutôt le buccin * de l'archange ? Comme par magie, les centaines d'enfants qui remplissaient la cour, s'arrêtant de courir et de crier, demeurèrent pétrifiés à l'endroit même où l'appel les avait surpris. Un silence prodigieux remplit l'espace et l'on entendit, au lointain, un charretier qui sacrait, derrière l'écran des maisons, et faisait claquer son fouet.

Un second coup de sifflet, et la foule enfantine commença de marquer le pas, frappant le sol de la cour, en cadence, avec une énergie farouche. Troisième coup de sifflet et chacun des danseurs de cet étrange ballet, orienté subitement, se mit en route, en vertu d'une harmonie préétablie, vers certains points de la cour qui semblaient agir comme des pôles d'attraction. Les différentes classes se groupaient en longues files doubles. Désiré me reprit la main et me conduisit à ma place. J'y parvins comme la cérémonie changeait de tour. Les enfants, ivres de mouvement et de jeu, semblaient encore trop loin du calme. Un coup de sifflet retentit et la cour entière chanta. C'était un chœur à l'unisson, tout fait de voix acides et chancelantes. Pourtant le charme se développait. Les visages, détergés,* prenaient, petit à petit, une expression placide. La musique accomplissait son prodige naïf et l'on oubliait qui son mal de dents, qui la colère matinale d'un papa, qui l'embuscade et la bataille au coin de la rue de l'Ouest, qui son ventre creux, qui ses galoches percées. L'une après l'autre, les cohortes se mirent en marche. Elles abordaient en chantant l'escalier qui se divise à mi-course ; les unes tournaient à droite, les autres à gauche. Et les coups de sifflet, maintenant pressés, scandaient le heurt des souliers sur les degrés de bois.

J'allais, saisi, écœuré, enivré pour la première fois par l'odeur de l'école, par cette odeur d'humanité misérable, de cendre refroidie, de paperasse, de colle, d'encre, de nourriture et d'eau de Javel, cette odeur dont la seule pensée suffit encore aujourd'hui pour me plonger dans un abîme de tendre tristesse.

Je me dépouillai de ma pèlerine, dans le couloir,

comme les autres élèves et je pénétrai, battant des cils, dans le jour blanc-bleu de la classe.   Le maître venait de s'asseoir en chaire.   C'était un personnage vraiment majestueux.   Il portait les cheveux rejetés en arrière, une large barbe grisonnante suspendue à des joues massives.   Que je l'évoque, et j'entrevois tantôt un tribun populaire, tantôt une statue de fleuve * et tantôt encore le Père éternel des images.*   La voix était à la mesure de cette noble carcasse : un tonnerre familier qui roulait sur nos têtes et s'allait perdre, au delà des murailles, dans les profondeurs de la forêt parisienne.   J'appris un peu plus tard qu'il s'appelait M. Joliclerc.   Il fallait à tout le moins ce nom charmant pour ramener le personnage au respect de l'échelle humaine.

Que M. Joliclerc existe encore, voilà ce dont, hélas ! m'incline à douter l'arithmétique élémentaire dont si bienveillamment il nous expliquait les préceptes. C'est donc à sa mémoire qu'il me plaît de rendre hommage.   Il m'a, dès mes premiers pas dans la bataille, donné, de l'autorité, une image à la fois forte et supportable.   Merveille !   Supportable est faible.   Mettons plaisante et mettons chère.   Si, par la suite, beaucoup plus tard, dans le grand débat intérieur que j'ai dû soutenir et qu'il me faudra sans doute raconter, si donc, mis sans cesse en demeure de choisir entre les doctrines de force et les vertus de persuasion, si j'ai pu conserver une position raisonnable. je le dois tant à ma nature que sans doute aux enseignements d'un honnête maître d'école qui faisait avec bonheur et bonhomie bien des choses que je tiens pour les plus difficiles du monde.

La journée commença par une leçon de calcul, science dont je n'avais pas le goût, mais le respect, car maman y faisait chaque jour des invocations sou-

cieuses. Nous devions étudier la division à un chiffre.
Plusieurs de ces petites opérations étaient écrites au
tableau. Les élèves, à tour de rôle, se levaient,
croisaient les bras, et donnaient, des signes exposés,
l'interprétation rituelle. " En vingt-huit combien de
fois cinq ?... Cela signifie que, si j'ai vingt-huit billes
à partager... " Chaque élève devait, de lui-même,
changer l'exemple. Vint le tour de mon ami Désiré
Wasselin. Il croisa les bras, fronça les sourcils et
commença : " En trente-sept combien de fois sept... "
Il parlait lentement, avec peine, sa grosse tête inclinée
de côté, l'air lointain, abandonné. Il était fort en
retard dans ses études et le plus âgé de la classe. Il
choisit pour exemple les cerises et ne se tira pas trop
mal de sa chantante récitation. " ...Cela signifie que
mes camarades recevront chacun cinq cerises et qu'il
ne m'en restera que deux." Toute la classe dressa
l'oreille. La phrase normale était : " Il m'en restera
deux." Il y eut un silence et Désiré poursuivit d'une
voix funèbre : " Mais ça m'est bien égal." M. Joliclerc levait les bras au ciel. Il renversait la tête en
arrière, avec un air d'embarras comique. Nous
apercevions les trous de son nez et sa bouche noire,
pleine de chicots. Il dit : " Toujours martyr, alors,
mon pauvre Wasselin ? Allons, rassieds-toi. Tu
auras quand même une bonne note." Et Désiré se
rassit, l'air sombre.

C'était le tour de Gabourin, le chenapan qui m'avait
dérobé mon béret. Il avait une mine de rat audacieux.
Il prit les fraises pour exemple et termina son couplet
d'une voix si réticente que M. Joliclerc s'écria : "Des
fraises, oui ! Il t'en reste cinq. Lesquelles prends-
tu ? " Gabourin rattrapa, sur le bord de sa lèvre, une
grosse goutte de salive et répondit : " Les plus
grosses." M. Joliclerc se prit à rire. La classe,

émue, bruissait. Pour la première fois s'affrontaient à mon regard les notions ennemies de qualité et de quantité.

Après la leçon de calcul vint une leçon de choses. J'eus la chance d'être interrogé, mais la douleur de faire une mauvaise réponse. "De quelle couleur est le vin?" demandait M. Joliclerc. "Combien connaissez-vous de sortes de vin, quant à la couleur?" Tous les doigts se tendaient, impatients d'un succès facile. "Toi, dit le maître, toi, le nouveau! Qu'au moins on entende ta voix." Je me levai en tremblant. "Il y a deux sortes de vin: le blanc et le noir." La classe entière protesta: "Le blanc et le rouge! Le rouge, m'sieu!"

C'étaient des enfants de manouvriers. Ami, ennemi, nourriture et poison, le vin était mêlé sans cesse aux pensées, aux effusions et aux chamailles * de leurs familles. Pouvais-je expliquer au bon maître que je ne connaissais pas le vin, que chez nous jamais nous ne buvions de vin, que mon père brassait lui-même dans une futaille, à la cave, une boisson économique tantôt écumante et légère, tantôt inerte et doucereuse? Je me rassis plein de honte.

La récréation tout entière s'écoula dans cette disgrâce. Nous nous étions réfugiés, Désiré Wasselin et moi, dans un angle de la cour, en marge des tourbillons. Je lui disais, dans l'espoir de dissiper les nuages accumulés sur son front: "Tu as très bien récité ta division." Et il répondait, le regard noir: "Oui. Et tu vois, pour finir, j'ai encore dit quelque chose qu'il ne fallait pas dire. Je me demande pourquoi."

CHAPITRE VI

L'AMITIÉ, PASSION MINEURE. HÉROÏSME DE MON CHER
DÉSIRÉ. LE SACRISTAIN PATIBULAIRE. GRANDE SCÈNE
DE LA MALÉDICTION PATERNELLE. CRI DE GUERRE DE
M. WASSELIN. DIALOGUE DE L'EMPLOYEUR ET DE
L'EMPLOYÉ. ONYCHOPHAGIE.* LE POULET D'HON-
NEUR. DEUX VERS DE LAMARTINE.

Mon père, comme tous les hommes dont la vie est
gouvernée par des passions exigeantes et précises,
passions que j'ai découvertes jour à jour, dont j'ai
cruellement souffert et que je ne manquerai pas de
peindre, si le temps m'en est donné, mon père ne se
gaspillait guère en émotions accessoires. Il n'a ni
recherché ni connu l'amitié que, bien à tort, il devait
juger passion mineure. Il a souffert en outre d'une
longue discordance entre ses aspirations et la médio-
crité des milieux dans lesquels il lui fallait se débattre.
Donc, point d'amis véritables : des " connaissances,"
des relations, des voisins. Je n'ai pas à mentionner
les compagnons de travail : mon père a toujours travaillé seul, conduit, éperonné par une ambition trop
opiniâtre pour se découvrir des semblables et signer
des alliances. Ma mère, toute à son fardeau, toute à
la fièvre sacrée de ses devoirs, n'imaginait le monde,
hormis les enfants et l'époux, que peuplé de fantômes
inquiétants dont il était quand même préférable de se
concilier les bonnes grâces. C'est donc sur nos pas
enfantins que la divine amitié fit son entrée dans la
maison.

Je ne peux dire que Désiré Wasselin devint mon
ami : le verbe devenir suppose un développement, un
progrès.   Or, dès la première minute, Désiré fut un
ami total, accompli, l'ami par excellence.   J'ai rencontré, chéri, depuis, des amitiés magnifiques dont
certaines sont encore l'ornement de mes jours ; nulle
ne m'a donné plus de joie, d'orgueil et de souci que
celle de Désiré le mauvais élève, Désiré le douloureux.

Il commença par me sauver la vie, ou presque.
C'est un épisode légendaire que dix imaginations
fécondes ont, pendant longtemps, nourri, car la langue nous est donnée pour inventer l'héroïsme sans
lequel vivre nous serait à mépris.*

Nous revenions de l'école, un jour du mois de mai.
Maman, comme de coutume, nous guettait, du haut
du balcon, là-haut, tout en haut, dans le ciel.   Ferdinand venait déjà de s'engager sous la porte et moi je
musais encore au coin de la rue, faisant valser mon
cartable à bout de bras et chantonnant, quand un chien
inconnu, un chien étranger à notre monde, exaspéré
par mon manège, me sauta férocement à la poitrine
et me renversa par terre.   J'en étais encore à comprendre et, déjà,* Désiré se ruait sur la bête.   Il
l'avait saisie par le col et tel Hercule-enfant étranglant
un monstre,* il serrait, les veines du front tuméfiées
par l'effort.   Maman, penchée sur le balcon, emplissait l'espace d'appels dramatiques.   Un charretier mit
la bête en fuite.   Désiré Wasselin avait été mordu en
deux places, à la main et au poignet.   Pâle et sanglant,
qu'il me parut admirable !   Il me prit dans ses bras,
encore que je fusse sain et sauf, et m'emporta dans
l'escalier.   Toute la maison parut aux portes.   Maman
pleurait à chaudes larmes en pansant mon sauveteur
avec du beurre frais et cette bonne charpie dont elle
avait toujours une petite provision.

A compter de ce jour, Désiré Wasselin eut, à toute heure, ses entrées dans notre logis.   Il arrivait souvent pendant le repas et s'installait sur un tabouret, le plus loin possible de la table, l'air non point honteux, mais secret et mélancolique.   Je lui disais : " Viens plus près, Désiré.   Viens près de moi ! "   Il refusait obstinément, ce qui m'était incompréhensible, puisqu'il ne craignait pas d'approcher quand j'étais seul.   Je finis par savoir que Joseph, qui n'aimait pas mon ami, avait un jour, à voix sifflante, exprimé cette opinion " que le nommé Désiré ne devait pas se laver les pieds trop souvent et qu'on s'en apercevait… "   Le pauvre Désiré avait dû surprendre cette phrase cruelle et en concevoir d'incurables tristesses.   Il venait quand même à la maison, car il m'aimait, car il avait aussi, je pense, maintes raisons de fuir son foyer.

A plus de quarante années de distance, le ménage Wasselin m'apparaît comme un couple de cabotins jouant leur vie à la façon d'une pièce tragi-comique.

Grand, non pas grêle mais plutôt efflanqué, le visage complètement ras, ce qu'on ne voyait, en ce temps-là, qu'aux prêtres et aux acteurs, M. Wasselin avait l'allure et les façons d'un " sacristain patibulaire."   L'expression est de papa.

Les premiers jours nous l'avions, sans le connaître, dès avant que de l'avoir vu, surnommé M. Prrrt, à cause de cet appel désinvolte qu'il lançait, pour avertir les siens, en faisant rouler l'air entre sa langue et son palais.   Parvenait-il à l'angle de la rue, il n'abordait pas la maison sans lancer un prrrt vigoureux.   Partait-il au travail, nouveau prrrt, strident comme un sifflet de machine, sans doute en signe d'adieu.   Gravissait-il l'escalier sonore, prrrt et encore prrrt.   Et, le matin, au lit, pour éveiller sa femme et ses enfants, c'étaient encore des prrrt à percer les murailles.

Les murailles de notre chère maison n'offraient pas
au bruit, faut-il le dire ? un obstacle appréciable.
L'appartement des Wasselin touchait le nôtre par le
flanc, en sorte que tout, de leur vie, nous était sensible.
J'allais écrire intelligible et ce ne serait pas tout à fait
exact, car, sur l'instant, j'étais fort loin de tout comprendre.   Mais ces mots et ces cris bizarres n'eussent-
ils pas suffi pour m'ouvrir l'entendement qu'y seraient
parvenus, sans doute, les commentaires chuchotés que
j'en percevais chez nous.

Cette promiscuité, dès le premier jour, avait in-
quiété ma mère et fait naître sur le visage de papa cette
expression féline que nous connaissions bien, car elle
était annonciatrice de colère.

— Laisse, Ram, avait dit maman.   Ne va pas t'em-
porter, surtout : il nous faudrait quitter cette maison,
comme toutes les autres, et ce serait bien dommage.
Puisque c'est à choisir, amis ou ennemis, prenons-en
notre parti.   Sans compter ce petit Désiré qui est un
ange, effectivement.

Mon père ne refusait pas volontiers le combat.
S'il céda, ce fut pour Désiré.   Par la suite, le personnage de Wasselin ne laissa pas de l'amuser.   " C'est un
bouffon, disait père avec un mépris souriant.   Il est
insupportable, mais impayable."

Notre première rencontre de front, avec les Wasselin, eut lieu un dimanche, pendant le repas de midi.
Nous entendions, depuis près d'une heure, une vio-
lente rumeur de chamaille.   Petit à petit, et malgré
que nous en eussions, nous avions cessé de parler.
Une voix d'homme, basse, caverneuse, lançait des
couplets coupés de temps en temps par une autre
voix masculine, maigre et plus sifflante.   Une femme,
apparemment Mme Wasselin, mêlait à la dispute de
longues lamentations.   Il y eut soudain un terrible

bruit de chaises.   La grosse voix criait : " Je te maudis !   Fils indigne !   Je te maudis." Et, tout à coup,
la querelle reflua sur le palier.   La fourchette en l'air,
nous écoutions avec horreur.   "Manuel, sanglotait
Mme Wasselin, si tu le maudis, il ne reviendra plus
jamais.   Retire la malédiction, Manuel, retire ! "

— Jamais, s'écriait M. Wasselin d'une voix olym-
pienne.   Cette petite fripouille sera trop heureuse de
venir encore nous manger dans la main le pain que
nous gagnons à la sueur de notre front.   Je te maudis,
fils indigne !

Une nouvelle explosion de cris et de prières secoua
portes et cloisons.   Maman, saisie de tremblement, ne
se contenait plus.   " C'est affreux, Ram !   Ne bouge
pas.   Je vais aller consoler cette malheureuse femme."

Mère ouvrit la porte, à demi d'abord, puis en grand.
Nous découvrîmes tous la scène.   Debout devant sa
porte, une main dans son gilet, l'autre agitant la serviette du repas, M. Wasselin prenait des poses tragiques.
Mme Wasselin, agenouillée sur notre paillasson, ses
jupes bouffant autour d'elle comme dans un tableau de
Greuze,* poussait des clameurs factices arrosées de
pleurs véritables.   En voyant s'ouvrir notre porte, un
adolescent dégingandé qui ricanait au bord des marches disparut dans l'escalier.   " Le coupable s'est
enfui.   Justice est faite ! " dit M. Wasselin d'une voix
grondante et, se tournant vers notre groupe aperçu
soudainement, il fit un ample salut.   " Quelle honte !
Quelle infamie !   Et en présence d'une famille honorable.   Veuillez nous excuser, comme nous pardon-
nons nous-mêmes à l'enfant indigne.   Du calme,
Paula !   De la sérénité.   De la résignation.   Puis-je,
Monsieur, vous offrir une tasse de café ?   Nous en
étions justement au café."

Papa refusa d'un signe de tête.   Maman relevait,

avec de bonnes paroles, dame Wasselin encore hen-
nissante et reniflante.   M. Wasselin, fit, de la serviette,
un large salut fleuri.   " Viens, dit-il, viens, Paula.
Sachons cacher notre douleur.   Souffrons en silence."
Il poussa deux ou trois " hum ! " terribles et tira sa
femme par le bras.   A peine la porte fermée, il fit, soit
pour se soulager, soit pour mettre le point final à
cette scène, retentir un strident et inexplicable prrrt...
prrrt.

En peu de jours, nous sûmes ainsi, bon gré, mal
gré, l'essentiel de ce que l'on pouvait savoir sur les
Wasselin.

Manuel Wasselin était, au début de cette période,
comptable à la *Cour des Flandres*, magasin de nou-
veautés fondé par une illustre femme d'affaires.   Il ne
parlait jamais de sa profession sans parodier un vers
que notre père nous dit être de Corneille.*

> Il est de tout son sang *comptable* à sa patronne,

déclamait le bouffon en insistant sur le mot capital.

En fait, il changeait sans cesse de maison et d'emploi, errait de bureau en bureau, le plus souvent con-
gédié sans procès et cherchant lui-même, quand on le
tolérait, d'invraisemblables raisons de fuite.   " Je suis
fait ainsi, déclarait-il.   Je suis un homme libre et
volatil.   Je suis un insoumis, un impatient.   Impatient du joug, jeunes gens !   La vie est faite ainsi
et non seulement l'immonde race humaine.   Il y a des
limaces impatientes et des huîtres qui ne tiennent pas
en place.   J'aime l'inconnu, l'inexploré."

Il rapportait, de ses discussions avec les employeurs,
des récits extraordinaires qu'il mimait à miracle et qui
font partie, depuis, du folklore familial.   J'en rirais
parfois avec Joseph ou Ferdinand s'il m'arrivait encore de rire, et même d'ouvrir la bouche, en présence

de Joseph et de Ferdinand.   Mais laissons la parole à
M. Wasselin.

— Je crois, commençait-il, que je vais abandonner
à quelque esprit moins agile que le mien la comp-
tabilité des *Galeries du Maine*.   J'ai eu, ce matin, avec
mon chef, cet homme remarquable, un entretien qui,
je pense, va le faire rêver pendant toute la fin de sa vie.
Imaginez qu'au début de la matinée cet homme remarquable entreprend de me vanter les avantages de
mon emploi :

"Monsieur Wasselin, dit-il, vous jouissez ici d'une
position stable.

MOI : Assurément, monsieur Duchnoque. (Il ne
s'appelle pas Duchnoque, c'est un nom d'amitié.)
Assurément.   Et c'est, si j'ose vous l'avouer, ce qui
m'attriste.

LUI : Ce qui vous attriste ?   Expliquez-vous, monsieur Wasselin.

MOI : Comprenez, monsieur Duchnoque.   Tant que
je cherchais une place, j'avais de l'espoir.

LUI : Comment ?   Quel espoir ?

MOI : L'espoir de trouver une place, monsieur
Duchnoque.

LUI : Pas possible !   Et maintenant ?

MOI : J'ai la place, monsieur Duchnoque.   Mais je
n'ai plus d'espoir.   C'est infiniment triste.

LUI : Qu'est-ce qui est triste, monsieur Wasselin ?
Je ne comprends pas.

MOI : Je me demande toute la journée ce que j'aime
le mieux de l'espoir ou de la place.   Ça devient une idée
fixe, monsieur Duchnoque.   Je finirai par m'en aller.

LUI : Vous en aller !   Vous parlez de vous en
aller !   Enfin qu'est-ce que tout cela signifie ?

MOI : M'en aller !   Hélas, oui ! monsieur le Directeur.   Quand je serai parti, je serai sûr de n'être pas

resté. Vous comprenez bien que je ne peux vivre
dans l'indécision.

LUI : L'indécision ! Quelle indécision ?

MOI : L'indécision de savoir si je resterai ici,
monsieur Duchnoque... "

Mme Wasselin levait les bras au ciel. Papa riait,
l'air dédaigneux. Le bouffon modulait, le bec en
sifflet, un prrrt ironique. De telles conversations
avaient lieu, le plus souvent, sur le palier, à la faveur
d'une rencontre. Les portes refermées, papa riait sans
retenue.

— Il a tous les vices ! Je suis à peu près sûr qu'il
boit. J'affirmerais qu'il joue aux courses. En outre,
il se ronge les ongles. Curieux bonhomme !

M. Wasselin se rongeait en effet les ongles, avec des
mines, des délicatesses d'incisives, de légers grogne-
ments de plaisir quand il découvrait un coin d'ongle
oublié, une infime bribe de corne dont il pouvait se
promettre un quart d'heure au moins de plaisir aigu.
Au moyen d'un petit canif crasseux mais tranchant, il
attaquait en outre les régions de l'ongle inaccessibles
aux dents, s'éminçait l'épiderme, se sculptait la pulpe
à vif.

Souvent, à peine M. Wasselin de retour, nous entendions la dame pousser des exclamations : " Où as-tu
pris tout cela ? Je te dis que tu finiras par te faire
pincer." M. Wasselin ricanait et faisait rouler son
bruit favori, ce prrrt qu'il appelait son " cri de guerre."
Il était extraordinairement chapardeur. Il ramenait
chaque jour de son bureau toutes sortes de menus
objets, des crayons, des cahiers, des enveloppes, des
pots de colle, des timbres. Ces larcins n'avaient
d'ailleurs à ses yeux pas une ombre d'importance et ne
l'empêchaient pas de faire à ses enfants de somptueux
discours sur le scrupule et la probité.

Dès la seconde entrevue, il s'était mis en tête de nous convier à quelque repas. "Ce ne sera pas un festin, disait-il. Une simple agape fraternelle pour fêter mon entrée comme teneur de livres à la *Petite Marinière*. Un peu loin, cette *Petite Marinière*, pour un Vandammois convaincu. Je n'aime pas ces bords de la Seine : ça me donne des idées de suicide... Trois fois rien, je vous le dis. Nous mangerons le poulet d'honneur."

Dans les premiers temps, papa et maman donnaient mille raisons à leur refus, peu soucieux qu'ils étaient d'accepter cette invitation saugrenue et d'être ensuite dans l'obligation d'y répondre. Ils comprirent bien vite que l'offre de M. Wasselin était surtout une effusion rhétorique et qu'il ne la jugeait lui-même d'aucune conséquence. Un rite auquel, toutefois, il se gardait bien de manquer. "A quand le poulet d'honneur ?" l'entendions-nous crier s'il rencontrait maman dans l'escalier. Parfois, il me pinçait la joue, préludait par plusieurs prrrt... prrrt... à mi-voix et lançait, l'air résolu : "Dis à tes parents, jeune Éliacin,* que c'est pour dimanche. Oui ! Dimanche, sans faute. Je vais acheter la bête et mettre le vin au frais." Je ne répondais rien, bien sûr, et le singulier homme oubliait tout, à peine le dos tourné. Mais, le lendemain, il était ressaisi de sa marotte. Il inventait des détails : "Aimez-vous les escargots ? Il faudrait ajouter une douzaine d'escargots par personne. Tu dis : les enfants ! Non, tu ne dis rien ? Mais les enfants mangeront leur douzaine comme père et mère. Comprends-moi bien, Paula : je veux faire quelque chose de très, très gentil."

Ce rêve intermittent prenait parfois des formes hallucinatoires. A force d'avoir vanté les vertus du **poulet d'honneur, M. Wasselin s'imaginait nous** l'avoir fait vraiment manger. Il me rencontra, certain soir, au pied de l'escalier, dans l'ombre, et me dit, jubilant, la salive à la bouche : " Il faudra recommencer, n'est-ce pas, jeune Éliacin ? " Et, comme je restais béant, il ajouta : " Avoue que, pour ce qui est d'être bon, il était bon. Un simple poulet, mais cuit à l'estragon.* Ah ! jamais, j'en suis sûr, tu n'avais rien mangé de pareil... N'est-ce pas, jeune Éliacin ? "

Il m'appelait " jeune Éliacin ", ce qui ne me faisait ni chaud ni froid. En revanche, il ne s'adressait au pauvre Désiré que sur le ton de la plus féroce raillerie. Il lui disait pompeusement " vous ", sauf pour lui jeter au visage deux vers de Lamartine,* popularisés depuis par Rostand * qui les a cités :

> Courage, enfant déchu d'une race divine,
> Tu portes sur ton front ta superbe origine...*

Souvent, il se contentait d'appeler son fils " enfant déchu ". Il criait : " Va me chercher du tabac, enfant déchu... Remonte une bouteille de bière, enfant déchu... " Plus souvent encore, il criait, avec un terrible accent faubourien, ces mots peu compréhensibles au profane : " Enfant dédèche... Êtes-vous prêt, enfant dédèche... " * Il ajoutait tout aussitôt des injures mystérieuses : " avorton... dégénéré... phénomène... sous-produit... " Et Désiré de trembler et de pâlir.

Mme Wasselin prenait alors la défense de l'enfant : " C'est ton fils, s'exclamait-elle. C'est toi qui l'as fait, misérable. Et on ne le croirait pas, car il est cent fois meilleur que toi. C'est un ange."

CHAPITRE VII

EXPLORATIONS OLFACTIVES. RETRAITES PRÉFÉRÉES.
INTRÉPIDITÉ DE MON AMI DÉSIRÉ. QUERELLES ET
COUTUMES DES WASSELIN. PETITE SCÈNE AU TROU
DE LA SERRURE. LA TRIBU DES COURTOIS. BANQUE
DU SAMEDI. PEINTURE A LA GOUACHE.

— La rue est faite pour qu'on y passe, mes enfants,
et non pour qu'on y joue. Ne vous attardez jamais
dans la rue, je vous le demande à genoux. Et méfiez-
vous de tout. Méfiez-vous des fiacres et des camions
qui écrasent chaque jour à Paris beaucoup de petits
enfants. Méfiez-vous des chiens : tu en sais quelque
chose, Laurent. Méfiez-vous des ivrognes. Méfiez-
vous des gens que vous ne connaissez pas et si quelqu'un vous adresse la parole, répondez poliment :
" Oui, monsieur. Non, monsieur... " et sauvez-vous,
sans en avoir l'air.

Ainsi parlait notre maman qui ne savait pas nous
convaincre. Qu'étaient, à nos yeux, les périls de la
rue, aux prix de ses enchantements ? A peine sortis
de l'école, nous flairions comme de jeunes limiers,
tout le long des trottoirs chauds, les inquiétantes
odeurs de la jungle citadine. J'aimais la rue Vercingétorix, la rue du Château, la rue de l'Ouest et si je
ressuscite un jour, fantôme aveugle, c'est au nez
que je reconnaîtrai la patrie de mon enfance. Senteurs
d'une fruiterie, fraîches, acides et qui, vers le soir,
s'attendrissent, virent doucement au relent de maré-
cage, de verdure fanée, d'aliment mort. Fumet de

4

la blanchisserie qui sent le linge roussi, le réchaud, la fille en nage.   Remugle * de la boucherie qui tient le " bouillon et bœuf * ", fade et terrible parfum des bêtes sacrifiées ; note résineuse, forestière de la sciure de sapin répandue sur le dallage.   Emanations, comme d'un vase, d'une boutique vide que l'on est en train de repeindre.   Concert de l'épicerie, aromates, momies d'odeurs, messages de continents perdus au fond des livres.   Bouquet chimique du pharmacien qu'illuminent, dès la chute du jour, une flamme rouge, une flamme verte, noyées toutes deux dans des bocaux ronds.   Haleine de la boulangerie, noble, tiède, maternelle.   J'allais, les narines en éveil, le souffle vite lâché, vite repris.

Vers le bout de la rue du Château, s'élevait, salubre, austère, l'encens des trains et des machines.   La rue, en ce temps lointain, était interrompue par un passage à niveau.   Les charroyeurs et les cochers s'arrêtaient en jurant devant les barrières que la manœuvre des convois tenait longuement fermées.   Plus heureux, les piétons pouvaient, pour gagner la rue du Cotentin et les spacieux déserts du boulevard de Vaugirard, emprunter une passerelle gracile qui sautait d'un bond de chèvre par-dessus les voies ferrées.

J'aimais de m'arrêter au milieu de la passerelle. On apercevait, d'un côté, l'espèce de canal fumeux qui fuyait vers des campagnes, des villes, des provinces en vacance.   De l'autre côté, le regard atteignait tout de suite les nefs embrumées de la gare, trous d'ombre, terriers à wagons.   A droite, à gauche, on découvrait les ateliers, les butoirs, les cabines des aiguilleurs, les rotondes comparables, selon le moment et le jour, tantôt à des temples charbonneux où des ouvriers adoraient les locomotives divines, tantôt à des écuries dont on tirait, d'heure en heure, un cheval d'acier, luisant, piaffant, prêt à la course.

Parfois, comme nous rêvions là, le monde tremblait, tout à coup. Un long train, serpent fabuleux, nous filait entre les jambes. Sa fumée noire, un instant, nous isolait, comme les dieux de l'orage, dans de sulfureuses ténèbres.

Nous revenions, au fil paisible de notre rue Vandamme.* Une foule de petits hôtels ouvraient, au ras du trottoir, leurs corridors obscurcis par les vapeurs de la friture. Et, soudain, comme une fanfare, éclatait l'odeur des écuries : sueur des chevaux, crottin torride, fumiers recuits, rafales de l'ammoniaque exaltée par les grands vols de mouches bleues.

Après cette explosion symphonique, la rue s'achevait dans le fade et le doucereux : les bains publics et le lavoir à drapeau de zinc lâchaient au passage une bouffée moite et savonnée. Puis, tout à coup, houleuse comme un bras de mer, s'ouvrait l'avenue du Maine, parcourue par le vent du nord. On apercevait, de l'autre côté, un bref tronçon de rue Vandamme, enclavé par erreur dans le quartier de la Gaîté.*

Nous revenions vers nos retraites. J'aimais d'amour la petite rue Perceval au beau nom. On y voyait un jardin comblé de verdures effervescentes. On y entendait, dans le silence du soir, tout le long d'une muraille interminable, les chevaux du camionnage piétiner, remuer des chaînes, broyer l'avoine et donner dans leurs bat-flanc * des ruades tracassières. J'aimais le triangle de bitume désert que ménageait notre rue Vandamme, en vue d'une improbable remise à l'alignement. J'aimais aussi l'impasse au sol de macadam, tel celui des routes lointaines.

Remonté dans mes hauteurs, j'allais, un livre aux doigts, m'accroupir sur le balcon où les trains faisaient

pleuvoir des escarbilles de velours noir.   Le balcon
des Wasselin était séparé du nôtre par une grille de
fonte à dents.*   Désiré venait s'asseoir là pour gri-
gnoter un croûton saupoudré d'une pincée de gros sel.
Comme j'aimais de préférence l'extrémité nord du
balcon, d'où l'on voyait mieux les trains, je priais
Désiré de m'y rejoindre.   Il passait par le palier,
grattait à la porte et, moins d'une seconde plus tard,
surgissait à mon côté.

Un jour, fronçant les sourcils, mais tranquille et
résolu, il fit, pour venir me rejoindre, une chose très
effrayante.   Il enjamba la balustrade et longea le balcon en dehors, au-dessus du vide...   Je fermais les
yeux, muet d'angoisse.   Mais, déjà, l'étrange garçon
se laissait choir près de moi.   Il était parfaitement
calme.

— Oh ! dis-je, d'une voix défaillante.   Sais-tu que
tu pouvais mourir ?

De la tête, il fit " oui " et il ajouta simplement :

— Tu ne le diras à personne.

Parfois, troublant nos songeries, des profondeurs
de l'impasse, un tintamarre cocasse tout à coup
s'élevait.   Des musiciens ambulants, cornet à piston,
trombone, pilonnaient une romance, une valse, un
air d'opéra.   Des sous voltigeaient qu'un comparse
sans talent cherchait dans les ruisseaux.

Par beau temps, fenêtres ouvertes, les querelles des
Wasselin crevaient à la face du ciel.   Mon ami avait
une sœur nommée Solange, grosse fillasse qui m'in-
spirait une véritable aversion.   Elle travaillait au
dehors, dans un atelier de couture.   Elle rentrait le
soir, à des heures incertaines, tenait tête à sa mère et
de la plus grossière façon, lapait sa soupe avec bruit
en y trempant le menton, car elle avait la vue très
basse.   Elle montrait, fourchette en main, cette

mimique des voraces qui regardent en ennemis leur propre nourriture. Observateur infime, je pense qu'elle ne me voyait même pas, occupée qu'elle était toujours de quelque grognante aventure ; mais moi je la contemplais avec cette horreur qui me saisit quand je perçois, chez une créature humaine, la présence de la bête.

Pour Lucien, le jeune voyou que nous avions vu s'enfuir chargé de la malédiction paternelle, il revenait de temps en temps. La famille se réconciliait dans une ripaille mystérieuse dont le pauvre Désiré restait le plus souvent exclu. Et, soudain, de vieilles chicanes détonaient comme des bombes. Pour la dixième fois maudit, le fils indigne reprenait le large. Le comptable, d'une voix sanglotante, flétrissait sa couvée : " Je vois bien, criait-il, je vois bien que vous ne me laisserez pas seul dans l'abîme de l'abjection. C'est ma faute. Le ciel me punit." Presque tout de suite consolé, il chantonnait des grivoiseries ponctuées de prrrt langoureux.

Certains jours, toute la famille s'envolait. Désiré trouvait porte close et restait assis des heures sur une marche de l'escalier. Un soir que je le trouvai là, nous fîmes la conversation.

— Il n'y a personne, dit-il. On ne répond pas.

— Pourtant, il est au moins sept heures.

— Bah ! ma mère doit être en course.

J'étais encore un fort petit garçon et fis, innocemment, une chose assez surprenante. Je m'étais approché de la porte des Wasselin. Un rayon de jour bleu filtrait par la serrure. Je mis l'œil à cette serrure et, tout aussitôt, faillis pousser un cri de surprise.

— Mais, fis-je à voix basse, tes parents sont là.

— Ah ? soupira Désiré, placide. Tu les vois ?

— Oui, oui, je les vois très bien.

La porte ouvrait sur l'entrée dans laquelle donnait une chambre.

— Qu'est-ce qu'ils font ? demanda Désiré entre deux bâillements.

— Oh ! je ne sais pas trop.   Ton père enlève sa veste.   Écoute : on l'entend rire.

Cette scène fut interrompue par l'arrivée de M. Courtois, notre vieux voisin.   Il occupait, avec sa femme, le troisième appartement, celui qui donnait sur la cour, côté Wasselin.   L'appartement symétrique, de notre côté, je crois l'avoir dit, était vacant.

M. Courtois, en ce temps-là, n'avait sans doute guère plus de cinquante ans.   C'était un homme d'une correction stricte et d'une politesse méticuleuse.   Il n'en présenta pas moins, dès l'abord, à mon regard, l'inquiétante image de la décrépitude et de la vésanie,* image que les événements se chargèrent de confirmer.

M. Courtois portait une jaquette soit de drap, soit d'alpaga gris, selon la saison.   Un gilet clair, à fleurettes, et des gants, même en été, ce que la rue Vandamme pouvait juger une élégance excessive.   Il prisait et cette pratique ne suffisait pas à faire comprendre l'odeur de sa personne, une odeur singulière de cuir de Russie, de vieillard bien tenu, de dent cariée, de fond de ride.

Il se teignait la moustache, qu'il portait toute raide et rebroussée.   Il teignait également la pincée de cheveux qu'il appliquait avec art, en éventail, sur un crâne d'une blancheur chimique.   Il avait usé sa vie dans une petite boutique d'horlogerie que l'on voit encore aujourd'hui rue de Vanves.   Il avait travaillé là jusqu'à la cinquantaine, dans le dessein unique et fervent, comme presque tous les Français, en ce temps-là, de " se retirer," mot dont je suis bien

surpris que si peu de gens perçoivent la résonance
lugubre : démission, fuite, suicide.

Il s'était donc " retiré," laissant la boutique à son
frère et à ses deux sœurs, tous trois célibataires. Si je
m'attarde à peindre ici cette collection de fantoches,
ce n'est point certes par souci du pittoresque pur,
encore qu'un tel souci trouverait à se justifier, c'est
que tous ces Courtois ont joué leur petit rôle dans les
tracas et les songeries de ma famille.

Courtois le cadet, que tout le monde appelait
laconiquement Tole, car il portait le prénom * que
commençait à peine d'illustrer M. France,* Courtois le
cadet était bossu d'une manière complexe et, si j'ose
dire, selon tous les méridiens.* Son torse, mon-
strueux, en forme de barrique, semblait posé de
guingois sur les jambes, et la tête elle-même s'implan-
tait de guingois sur le torse. Le bonhomme était
ainsi fait de trois parties qui s'assemblaient à l'aventure
et, dès le moindre mouvement, menaçaient de se dis-
joindre, de reprendre une macabre indépendance. Il
imitait son frère en toutes choses, il se teignait le poil,
prisait, exhalait déjà, mais imparfaite encore, cette
odeur de maroquinerie dont je ne saurais donner la
véritable recette.

Il travaillait avec ses deux vieilles filles de sœurs,
horlogères d'ailleurs accomplies, qui vivaient la loupe
à l'orbite et ne sortaient que le samedi pour venir
impasse Vandamme et passer la soirée dans les joies
saugrenues d'une " banque " dont l'enjeu était de
haricots blancs. Elles se couvraient alors de chapeaux
de voilettes, de jupes à volants, de tournures, de
manches à gigot et s'enfarinaient le visage au moyen
d'une poudre odorante qui n'atteignait jamais la peau,
suspendue qu'elle demeurait dans un duvet exubérant.
Nous les appelions les Fées, surnom dont je risquerais

de compromettre le charme si j'en disais l'origine et
si j'y ajoutais les épithètes ordinaires de mon père.

Nous fûmes, au bout de quelque temps, priés aux
soirées du samedi.   M. Courtois, l'heure venue, nous
attendait sur le pas de sa porte.   A tous, petits et
grands, il nous serrait la main avec un geste déblayeur
qui nous repoussait l'un après l'autre vers la gauche,
geste que j'ai retrouvé, depuis, chez un homme politique plusieurs fois ministre, geste qui s'explique sans
doute par la discipline épuisante des défilés électoraux.

La " banque " du samedi soir était présidée par
Mme Courtois.   Merveille du mimétisme, cette dame
ressemblait à ses belles-sœurs, à son beau-frère, à son
mari.   Elle donnait, du clan, la synthèse et la moyenne.
Elle sentait le vieux cuir comme les uns et la poudre
de riz comme les autres.   Elle abritait, sous un filet-
front,* les prodiges ouvragés d'une coiffure aux
bigoudis et au fer chaud.

La chambre où la société se tenait, pour la banque,
était ornée, avec intempérance, de peintures à la
gouache, œuvres de M. Courtois, représentant toutes
des roses, en gerbes, en bouquets, en guirlandes, en
couronnes.

Dès le début de nos relations, M. Courtois s'offrit
à me donner des leçons de peinture à la gouache et
maman, ayant jugé que je marquais des dispositions,
accepta de bon cœur.   " Tu commenceras, disait M.
Courtois, par peindre le bouton vert.   Puis je t'appren-
drai le bouton rose, puis la fleur épanouie.   Les feuilles
vont toujours par trois.   Une vert clair, l'autre vert
foncé, et l'entre-deux mi-partie.   C'est une règle
absolue.   Plus tard, quand tu sauras faire la rose
rouge, on essaiera la rose jaune et peut-être la rose
pompon.   Mais c'est une autre paire de manches."

Je recueillais avec application cet enseignement

vétilleux.   Parfois, mon pinceau, s'égarant, rêvassait
hors de la règle.   M. Courtois se fâchait : " Ce que
tu viens de faire là, grommelait-il, se hasardant, dans
sa colère, aux injures à la mode, ce que tu viens de
faire là, c'est bête comme tes pieds."   Il ne tarda pas,
sans doute par économie, à raccourcir la formule.   Il
disait : " Encore tes pieds !   C'est on ne peut plus
tes pieds."

Je me sentais, les premiers jours, débordant de
gratitude, car M. Courtois fournissait non seulement
le professeur, mais les couleurs et les pinceaux.   Bien
vite je compris que, pour les esprits judicieux, toute
peine appelle un loyer.*   La leçon finie, M. Courtois
me livrait à sa femme et cette personne, ainsi nantie
d'un partenaire même indigne, s'abandonnait avec
frénésie aux délices du jeu de piquet.

Mme Courtois n'était pas une joueuse trop commode.   Elle trichait, elle m'accablait d'injures bizarres
et comme elle avait, de son sexe, une opinion non
médiocre, elle m'accommodait au féminin, ce qui ne
laissait pas de me choquer un peu.   " Péronnelle !
Petite bécasse, criait-elle.   Si tu t'étais seulement
défaite de ton pique, à l'heure qu'il est, tu serais
maîtresse… "

J'étais toujours trompé, toujours battu ; mais je
payais tant bien que mal mes leçons de roses à la
gouache et j'apprenais en bâillant que rien ne se
donne pour rien.

CHAPITRE VIII

ONIROLOGIE * FAMILIALE. PROJETS D'AGRANDISSE-
MENT. VÊTEMENTS, MOBILIER, PERSONNEL DOMES-
TIQUE. ÉCONOMIES ET RESTRICTIONS. L'EXPOSITION
UNIVERSELLE. BAINS CHAUDS. INTERMÈDE GÉOGRA-
PHIQUE. ERREUR DU XIXᵉ SIÈCLE SUR LA SCIENCE
ET LA SAGESSE. VISITE DE MME TROUSSEREAU.

Je ne sais quel onirologue a dit " que l'on ne rêvait
pas de compagnie." *   Ce savant, sans aucun doute,
parlait des songes du sommeil.   Mais quoi ! c'est en
vain que les magisters prétendent marquer une distinction entre rêve et rêverie.   Les mêmes mots, pour
un Français, désignent indifféremment les délires du
dormeur ou ceux de l'homme éveillé.

Or, vers le milieu de l'été, toute la famille se prit à
rêver de compagnie.   Quand je parle de ma famille,
j'entends, exclusivement, le couple et sa nichée, les
six que nous étions alors.

Ce n'était ni de tous les jours ni de toutes les heures.
Le phénomène, en général, se déclarait pendant le
repas du soir.   Papa posait sa fourchette, lançait tout
droit devant lui un regard soudain plus clair et disait,
d'une voix calme :

— Nous sommes beaucoup mieux qu'avant, mais,
quand même, bien à l'étroit.

— Raymond, s'écriait maman, tu ne songes pas à
nous en aller ?

— Non, mais je pense à des choses...

— Quelles choses ?

— Nous pourrions peut-être...

Ce pléonasme * insidieux, que j'ai surpris sur tant de lèvres, annonçait le déchaînement des images et des hypothèses.

— Nous pourrions peut-être prendre en location cet appartement vacant, l'appartement voisin. Pense : le double de place!

— Mais, Raymond...

— Oh! pas demain, bien sûr. Dès que nous aurons reçu les nouvelles du Havre. Presque le double de place ! Tu m'entends, Lucie!

Les phrases de cette sorte étaient suivies d'un silence fourmillant. Le regard fixe à son tour, maman partait à réfléchir. Son visage exprimait d'abord la frayeur et même le vertige. Elle avait l'air de mesurer de l'œil un gouffre. On la voyait presque haleter, car elle souffrait d'une imagination vive. Puis, petit à petit, et comme si le gouffre eût été, par magie, comblé, aplani, maman reprenait pied.

— Bien sûr, dès que nous aurons la lettre du notaire... Pour le terme d'octobre, ce serait trop beau. Mais, au mois de janvier, peut-être même au demi-terme...

— Des quarante mille francs, murmurait papa, nous ferons quatre parts, exactement. Quatre parts, quatre ans ! Dans quatre ans, mes examens seront passés et j'aurai mon diplôme. Alors, la route libre ! Avec mes articles et, bientôt, des remplacements, des occasions, des imprévus, mille petites choses à côté... La tranquillité. Le travail et l'aisance. Dès la première année, les trois parts de réserve seraient placées avantageusement. Il ne faut jamais laisser l'argent inactif, il en meurt. C'est ce que Markovitch me dit chaque fois qu'il me rencontre...

— Ne pourrait-on, proposait maman, faire percer la cloison ?

— Quelle cloison ?

— La cloison de notre chambre, pour mettre les deux appartements en communication.

La cloison ! Nous écoutions, muets de surprise. Faire percer la cloison ! Nous étions à l'âge où les murailles sont comme les figurations de l'immuable et de l'éternel.

— La cloison... répétait mon père. Et pourquoi non, Lucie ? Tu penses que le propriétaire n'aurait rien à nous refuser.

Joseph, à son tour, tombait en transes :

— Nous serons les plus gros locataires de toute la maison. Et, dis, maman, j'aurai ma chambre. Ma chambre pour moi tout seul.

— Mon garçon, demande à ton père. La pièce la plus tranquille serait réservée pour lui. Le travail de votre père avant tout. Je ne tiens pas au salon : nous n'en avons jamais eu, nous pouvons nous en passer. Mais que le piano soit dans la pièce où votre père travaille, il faut bien reconnaître que ce n'est pas possible.

A ce mot de piano, l'innocente Cécile ouvrait l'œil. Toute la famille entrait en éruption : une éruption de projets. Ferdinand présentait des revendications gémissantes au sujet d'une paire de chaussures qui le blessaient. Ferdinand n'a jamais eu que des ambitions modestes, mais, il faut le dire, tenaces. Joseph, élevant la voix, parlait bicyclette, voyages. Maman " tirait des plans " pour nos vêtements d'hiver : elle les voyait chauds, ce qui va sans dire, et même élégants et même nombreux. Puis, d'un coup d'aile, maman s'élevait jusque dans les sphères de l'ameublement, posait des tapis, accrochait des lampes, appli-

quait des glaces.   Papa, bien que réservé, consentait
à jeter les fondements d'une bibliothèque exemplaire.
Nous nous taisions tous, une minute, avec respect,
comme pendant l'élévation,* à la messe.

Puis — mais qui donc l'avait lancé ? — survenait le
mot de bonne, et, d'abord, de petite bonne.   Maman
protestait aussitôt : " J'ai tout fait, toujours, toute
seule...   On ne serait plus chez soi... " Vaines
objections.   La petite bonne grossissait, grandissait
et, soudain, par un miracle de scissiparité,* donnait
naissance, les bons jours, les jours de grande orgie
rêvogène,* à deux et même plusieurs bonnes.   Nous
n'avons jamais été jusqu'au domestique mâle.

Je viens d'écrire rêvogène et c'est peut-être un bar-
barisme.   Qui l'affirmera ?   Nul ne connaît l'éty-
mologie du mot rêve.   Il nous est tombé du ciel, à
nous autres Français raisonneurs, pour notre rédemp-
tion.   Mais revenons à mon histoire.

A tout instant chantaient, lancées soit d'une voix
grave, soit par une gorge enfantine, les expressions
rituelles de l'extase : " ..la lettre du notaire... les
nouvelles du Havre... les papiers de Lima... " Maman murmurait : " Que cette somme nous arrive juste
dans un pareil moment ! C'est un miracle, un miracle ! "

Petit à petit, les desseins prenaient de l'ampleur et
de la fantaisie.   Nous glissions à la dissipation, au
gaspillage.   De dépense imaginaire en dépense imaginaire, nous arrivions aux bains de mer, aux fiacres,
aux places de théâtre, aux folies.   Alors se pro-
duisaient des revirements farouches.   Comme tous
les prodigues, nous traversions de brusques crises
d'avarice.   On restreignait les dépenses.   On vendait
les objets de luxe.   La bonne maigrissait, diminuait,
redevenait petite bonne.   On finissait par la congédier.

Papa, le premier toujours, se lassait des fantômes

qu'il avait tirés de l'ombre. Nous sentions au son de sa voix, à la nuance de ses yeux, qu'il redescendait, qu'il allait nous lâcher, revenir au sol. Il regardait maman avec une ironie d'abord souriante, puis glacée, puis rancuneuse. Oh ! comme les rêves d'autrui le trouvaient méprisant, même quand il les avait fait naître, surtout, surtout quand il les avait fait naître. Il disait brusquement :

— Nous allons, en attendant, continuer à tirer le diable par la queue et nous aurons, dès la fin du mois, le plus grand mal à joindre les deux bouts.

Il se passait la main sur le front, poussait un long soupir et quittait la place, nous laissant désemparés.

Il arrivait aussi que le sortilège refusât * de s'évanouir. Parfois, la nuit d'été succédait au long crépuscule et nous faisait rêver encore. Un soir, papa dit : " En somme, puisque tout va bien, nous allons mener les enfants à l'Exposition.* " Maman, soudain calmée, parlait de son travail, de la vaisselle, de la couture. Elle dut céder, faire toilette à la hâte. Nous eûmes une soirée incandescente et tumultueuse, un délicieux retour ensommeillé sur l'impériale de l'omnibus.

Parfois aussi, profitant des heureuses dispositions de notre père, maman formulait des souhaits bénins mais précis. " Demain jeudi, proposait-elle, je voudrais mener les enfants aux bains. Tu n'y vois pas d'inconvénient ? " Papa sursautait. Il parlait de diplômes, d'influence, de fortune, d'honneurs, et voilà qu'on songeait à des bains. Il approuvait quand même en fronçant les sourcils et disait, pour conclure : " Je ne voudrais pas me mêler de ces affaires Delahaie, mais je te ferai, si tu veux, le brouillon d'une lettre au notaire. Il n'a vraiment pas l'air pressé. Et dire que nous sommes entre les mains de ces gens-là ! "

Le lendemain, nous allions aux bains, emportant dans un panier notre linge et notre savon, car délivrée des rêves, maman retombait à l'économie la plus chaste. Elle prenait deux bains pour quatre et nous savonnait elle-même, à l'exception de Joseph qui devenait vraiment trop grand.

Nos songeries familiales ne manquaient pas de m'escorter jusque sur les bancs de l'école. Je fus, pour M. Joliclerc, un élève bien inattentif. Les questions qu'il me posait venaient m'atteindre et m'étonner au sein des nuées olympiennes d'où je retombais pantois. Un jour, pendant la leçon de géographie, je l'entendis qui grondait : " Je répète, qu'est-ce qu'un havre ? Que signifie le mot havre ? Vous, là-bas, Pasquier, le dormeur ! "

Je me levai, croisai les bras et répondis de la façon la plus naturelle du monde : " Un havre... Un havre... C'est l'endroit où il y a le notaire... " La classe bourdonnait, moqueuse. M. Joliclerc ouvrit sa bouche à chicots et leva des bras étonnés. Puis il me mit un mauvais point, pour le principe, sans colère, car il savait que les enfants, même petits, apportent de chez eux toutes sortes de soucis cachés que l'on peut respecter, bien sûr, sans chercher à les comprendre.

Je me rassis, tout penaud. Le soleil, filtrant par la fente des rideaux de toile et se brisant sur le livre du maître, éclairait noblement son visage et sa barbe grisonnante à travers les poils de laquelle on apercevait la cravate. Je cuvais * ma honte en suçant un petit bout de crayon d'ardoise. — Il suffit que j'y pense pour que m'en revienne le goût. — La leçon se poursuivait dans un ronronnement assoupi que troublaient parfois la chute et le roulement d'une bille — cinq mauvais points ! — ou les appels d'un impatient qui

sollicitait en claquant des doigts l'autorisation de
descendre quelques instants dans la cour.

Le soleil tournait.   On ouvrait grandes les fenêtres.
J'apercevais le haut des arbres à la frondaison prison-
nière et, de l'autre côté, les maisons de la rue de
l'Ouest, toutes pouilleuses ainsi, par derrière.   Une
femme, près de sa fenêtre, ravaudait des nippes, inter-
minablement.   Elle avait d'énormes bras roses.   Mon
voisin de pupitre, un garçon de neuf ans, souffrait
d'un furoncle au menton.   Il souffrait en silence, avec
résignation, comme j'ai vu souffrir, plus tard, les
hommes simples, à la guerre.

Parfois, un petit garçon s'étirait avec bruit et
regardait d'un œil stupéfait les enfants, le tableau, les
murailles, ce monde incompréhensible.   Et parfois
toute la classe, désembourbée,* saisie par le démon,
se prenait à jacasser, à ruer dans les pupitres, à frapper
sur les tables, à barboter dans les encriers de plomb
au rebord corrodé.   M. Joliclerc tonnait, lourdement,
orage contre orage.

Nous revenions, côte à côte, Désiré Wasselin et moi.
En passant devant la loge de la concierge, il me disait,
avec une paisible sollicitude : "On va regarder sur
la table de Mme Tesson.   Quelquefois * qu'elle serait
arrivée, votre lettre du Havre."   Comble de confiance
affectueuse, j'avais mis Désiré dans notre grand secret.
En montant l'escalier, il me demandait parfois ce que
nous ferions de l'argent.   Il commençait de rêver
avec nous, âme fraternelle.   Il ajoutait, s'arrêtant au
bord d'une marche : "Chez nous, il n'y a pas d'histoire du Havre, pas d'héritage, rien, rien que ce que
gagne papa.   Et il a bien du mal."   Si petit que je
fusse alors, j'étais touché d'émotion : Désiré, battu,
méprisé, injurié chaque jour, adorait ce père horrible.

Les leçons et les devoirs rampaient sur la soirée.

Quand papa revenait à temps, il nous aidait pertinem-
ment mais avec impatience.   Il ne nous tolérait ni
légèreté ni lenteur.   Et c'étaient des " pantoufles ! "
et des " savates ! " à n'en plus finir.

Au milieu d'un commentaire paternel, le clan Wasselin entrait soudain en convulsion.   La maison en
tremblait de toute son ossature.   Le sacristain-
histrion se justifiait toujours : " Je vais quitter ces
Comptoirs du Mont Parnasse et tous ces imbéciles.   Je
veux bien qu'on me dise que je suis distrait ; mais
quand on me dit que je fais des malhonnêtetés, ça
me met en colère.   Je tiens plus à l'honneur qu'à la
vie.   Sortez d'ici, enfant déchu !   Ce que je dis ne
vous regarde pas."

Nous restions béants, la plume aux lèvres, l'attention déviée, écoutant malgré nous ces misères.   Papa
fronçait le sourcil.   Quand il était de sang-froid, il
jugeait le courroux des autres absurde et scandaleux.
Nous avions, maman surtout, grand'peur de le voir
intervenir, ce dont il ne se privait guère en maintes
circonstances comme je le dirai bientôt.   Encore qu'il
fût aussi peu moraliste que possible, il tâchait parfois
à tirer une leçon de ces algarades Wasselin : " De
telles vulgarités disparaîtront quand les hommes seront
plus instruits.   La cause de toute cette bassesse,
croyez-moi, c'est l'ignorance.   Donc, travaillez, travaillez.   Les hommes se disputeront moins quand ils
sauront tout ce qu'il faut savoir."

— Mais, papa, dit un jour Joseph, M. Wasselin
n'est pas un ignorant, je t'assure.   Il est même très
instruit.   Il a son baccalauréat et encore un autre
diplôme.

Papa fit, de la tête, un mouvement mécontent et il
ne répondit rien.   Cette remarque l'offensait.   C'était
vraiment un homme du dix-neuvième siècle, de ce

siècle qui n'a pas voulu douter du savoir souverain, de ce siècle qui a fait la sourde oreille aux avertissements de Schopenhauer * et s'est plu tenacement à confondre science et sagesse.

Nous eûmes, cet été-là, vers la fin de la période scolaire, nous eûmes, à la maison, une visite imprévue, celle de la tante Anna.

Tante Anna ? C'est " Madame Trousserau " que je devrais dire, c'est " Madame Trousserau " que nous avons toujours dit, à l'exemple de maman. Il ne saurait, avec cette épouse extasiée que fut ma mère, il ne saurait être question de représailles ; pourtant elle répliquait à certaines manies de mon père par des manies réciproques. Papa disait " Madame Delahaie, Monsieur Delahaie." Même rétrospectivement, même à titre historique, il n'aurait, pour rien au monde, consenti à donner de l'oncle ou de la tante à cette gent détestée, à ces grippe-sous, à ces paltoquets. Je dois dire que jamais, parlant de notre tante Anna, maman n'a dit " ma belle-sœur." Elle prononçait toujours, pinçant imperceptiblement les lèvres : " Madame Trousserau " ou " Madame veuve Trousserau." Elle n'aimait pas davantage notre oncle Léopold et l'appelait " l'homme au piston," parce qu'il avait été quelque chose comme chef de fanfare à Nesles-la-Vallée. Papa ne se montrait guère sensible à ce timide talion : les histoires de sa parentèle ne le tourmentaient pas trop.

Nous eûmes donc, un beau jour, la visite de tante Anna, veuve Trousserau. Je la trouvai sur le palier comme je rentrais de l'école. C'était une dame excessivement grosse, au visage couperosé, non pas diffluent,* comme le reste de sa personne, mais dur et couvert de plis serrés. Je ne pouvais la reconnaître, car je ne l'avais presque jamais vue. Elle se

nomma, me tendit la joue sans parvenir à s'incliner
suffisamment, sonna, pénétra devant moi dans la
maison. Ma mère lui fit un accueil décent. La tante
prit une chaise mais n'enleva pas ses mitaines. Une
conversation s'engagea dont je ne compris pas toutes
les finesses, mal rompu * que j'étais alors à la diplo-
matie familiale et à sa dialectique.

Maman se levait parfois pour vaquer aux soins de la
cuisine. Pendant que nous étions seuls, tante Anna
s'approcha de moi et fit un sourire à plis.

— Qu'est-ce que tu manges là ? dit-elle. Du
chocolat ! Tiens, tiens ! Vous ne vous privez de
rien. Montre-moi ta tablette.

Je lui tendis ma tablette. Elle la cassa net, en deux
et, furtivement, avec une expression d'une gourman-
dise incroyable, elle en goba le plus gros bout.
Comme maman tardait à venir, la tante bâilla, montrant
l'intérieur d'une bouche toute noire de mon chocolat.

— Alors, me dit-elle, tu aimes aussi les confitures,
mon petit chat ?

Je répondis un " oui " naïf, pensant que, de tous
ses jupons et jupes, la tante allait faire surgir enfin
quelque friandise cachée.

— Ah ! reprit-elle avec un sourire verdoyant. Tu
aimes les confitures, mon petit ami. Eh bien ! quand
tu en auras, tu en mangeras.

Là-dessus, chance imprévue, papa fit son entrée.
Du bout des lèvres, il baisa la joue fripée de sa sœur.
Il avait l'air poli, distrait :

— Alors, souffla Madame Troussereau, vous avez
fait votre héritage ?

— Mais non, disait maman. Rien que des meubles,
pour l'instant. L'argent viendra plus tard.

La tante fit une moue et mit un lorgnon sur son
nez qui était bref et fort impropre à cet usage.

— Des meubles ? reprit-elle.   Ceux qui sont ici ?
Oui, oui, je vois ce que c'est.

Elle se prit à regarder toutes choses autour de nous.
Elle disait, de temps en temps : " C'est assez gentil...
Oui...   Ce n'est pas si mal... "   Mais toute la gym-
nastique de ses rides signifiait : " Peuh... on me les
donnerait, vos meubles, que je n'en voudrais pour rien
au monde."

Ainsi la tante, parfaitement à son aise, passait la
maison en revue.   Elle avait l'air d'un juge, d'un
expert dédaigneux.   Papa souriait jaune.   Maman,
les lèvres pincées, affectait la plus parfaite politesse.

— Je n'ai pas de conseil à vous donner, ma petite
Lucie, disait Mme Troussereau ; mais avec votre
façon de ranger votre armoire, je me demande comment vous pouvez vous y retrouver.

Maman blêmissait doucement, car elle avait, juste,
toutes sortes d'idées héréditaires sur la façon de ranger
les armoires.   Les Delahaie et les Pasquier se mesu-
raient du regard.

— Offre quelque chose à tante Anna, dit papa pour
couper court.

La tante accepta du thé et prit quatre morceaux de
sucre.   Elle était, au su de l'univers, une héroïne de
l'épargne ; mais pas chez les autres.   Elle buvait
donc, et sifflait :

— Je ne sais pas ce que vous mettez là-dedans :
votre thé a un drôle de goût.   Ça tient peut-être à
votre eau ou même à votre casserole.   Ça ne fait rien,
c'est buvable.

Elle dit en partant :

— Tiens-moi donc au courant, Étienne.   Ah ! je
vois, au visage de ta femme, que, chez toi, on dit Raymond.   Comme vous voudrez, mes enfants.   Allons,
adieu !   Et tiens-moi au courant.

La porte fermée, papa leva les épaules.

— Au courant ? Au courant de quoi ?

Mais maman partait à rire. Elle avait l'air trans-
portée. Elle tomba sur une chaise : le rire la secouait
toute et lui tirait des larmes.

— Au courant de quoi ? Vraiment, mon pauvre
Raymond, tu n'as donc rien deviné ? Quand il s'agit
de ta famille tu es naïf, naïf. Tiens, je ne suis pas
superstitieuse, mais, ce soir, je suis plus contente que
je ne saurais le dire. Rien que cette visite de Mme
Troussereau me ferait croire que nous allons bientôt
le toucher, l'argent du Havre. Oh ! je la connais,
Ram : elle a senti l'argent.

CHAPITRE IX

GUERRE DE RUES. COURAGE DE DÉSIRÉ WASSELIN. COLÈRES DE MON PÈRE. CROISADE POUR LES BONNES MANIÈRES. ESTHÉTIQUE, HYGIÈNE ET MORALE. LA COLÈRE CONSIDÉRÉE COMME UN DES BEAUX-ARTS. LA PAROLE ET L'ACTE. VALEUR BALISTIQUE DES LENTILLES.

Les dernières semaines d'école s'abîmèrent dans la somnolence et l'anarchie. M. Joliclerc, exténué, s'endormait au gouvernail. Parfois, il se réveillait pour nous lire une histoire, et la classe retrouvait une âme. Le reste du temps, cinquante cervelles ingénues divaguaient à propos des grands événements qui se déroulaient dans le quartier. Une guerre avait éclaté, fort cruelle, entre notre école et l'école de la rue de l'Ouest. Échappées à la surveillance des moniteurs, les cohortes s'affrontaient dans des venelles presque désertes comme la rue du Texel ou la rue du Moulin-de-beurre, que l'on était en train de repaver et qui fournissaient, de ce fait, cachettes et munitions aux redoutables porteurs de lance-pierres.

Sous la sauvegarde presque paternelle de mon cher Désiré, j'affrontais impunément toutes les embuscades et traversais les lignes de combat sans coup férir. Désiré Wasselin avait reçu de la nature le plus grand don qu'un homme en puisse attendre : le vrai courage, froid, fidèle, sans colère et sans haine. Je dis bien le plus grand présent... Les sociétés modernes, tout enivrées qu'elles sont de je ne sais quelle division

dérisoire des besognes et des vertus, laissent croire à
la plupart des hommes qu'ils peuvent se reposer du
courage sur tels spécialistes stipendiés à cet effet ; puis,
saisies de brusques démences, les mêmes sociétés
demandent à l'homme dépourvu quelque effrayante
contribution de bravoure et de sacrifice. Et j'ai bien
dit aussi, parlant de mon Désiré : le vrai courage,
sans colère et sans haine, celui qui, pour s'ébranler,
n'attend pas le coup de fouet venimeux de la frénésie,
celui qui jamais ne ressemble à la peur, car courage
n'est pas rage.

La vaillance a bien des visages : Désiré le fort,
Désiré le résolu tremblait pour peu que retentît la
voix de son père et c'est, je pense, qu'il aimait ce
personnage mal aimable.

J'admirais donc le cher Désiré, je me confiais à son
bras, je m'en remettais à lui de toutes vertus protec-
trices et, quand il vint à me manquer, je dus faire,
douloureusement, l'apprentissage de certaine adversité, me former, petit à petit, une carapace et des
pinces.

Sous l'aile de Désiré, je rêvais au chaud et à l'aise,
je me racontais sans fin ces histoires de l'enfance,
fruits duveteux et légers d'une imagination neuve.
La plupart de ces histoires avaient trait à la vie et à la
mort des fameuses tantes de Lima.

On ne peut dire que les nouvelles de Lima tar-
daient à venir puisque le temps prévu n'était point
encore écoulé, mais l'impatience de notre famille
croissait d'heure en heure, à l'approche du succès, de
la délivrance. Aux débauches mythiques, aux épan-
chements de songeries et de projets commençaient à
se mêler quelques accès d'humeur. C'est, bien sûr, à
papa que je pense, papa seul que je mets en cause, car ses
colères ont été l'un des grands soucis de mon enfance.

Elles étaient de plusieurs sortes, mais éclataient de préférence, quels que fussent leur objet et leur caractère, les jours où mon père se trouvait indisposé, déçu, pressé de travail ou de tracas.

Il me faut d'abord dire un mot de phénomènes bénins qui n'étaient pas de vraies colères et qui même, parfois, ne manquaient pas de gaîté, mais pouvaient toujours fournir un principe à la colère parfaite, telle une * petite amorce enflamme toute une fougasse.*

Je l'ai dit, mon père était, les bons jours, souriant, froid, dédaigneux. Il caressait d'un geste élégant ses belles moustaches flambantes. Il considérait le monde avec une indifférence souverainement philosophique. Il avait de grandes pensées, de grands desseins, une lourde tâche. De quel prix, de quel souci lui pouvait être, je vous le demande, l'agitation de ces fantoches dont il paraît que notre vain monde est peuplé ? C'était là l'état normal et force m'est de reconnaître que normal ne veut aucunement dire " le plus fréquent." C'est bien dommage, d'ailleurs, car pour mystérieux et distant qu'il me parût en cet état, mon père était alors une divinité courtoise.

Malheureusement, le philosophe descendait parfois de sa colonne et toujours à la poussée de motifs pertinents, indiscutables. Mon père, par exemple, ne pouvait souffrir la laideur. Le spectacle du ridicule, chez les autres, le trouvait intolérant. La réaction était franche, immédiate, peu prévisible. Nous étions dans l'omnibus, un monsieur d'un certain âge, peut-être même décoré de la Légion d'honneur,* ce qui, en ce temps-là, représentait presque un signe particulier, se mettait à bâiller, à rebâiller. Mon père, sortant de la réserve, prenait alors la parole. L'attaque, en général, était directe. " Allons, monsieur, disait-il d'une voix en même temps suave et sifflante, vous

n'avez donc pas honte de nous montrer tout ce que
vous avez dans la bouche ? " Cette simple question
produisait le plus grand effet. Toutes conversations
suspendues, l'omnibus, haletant, attendait la suite
avec, en même temps, l'espoir et la frayeur d'un
scandale. Le bâilleur, stupéfait, bredouillait parfois
une excuse, parfois, épouvanté, se levait en hâte, tirait
la ficelle et quittait la voiture. Parfois, il protestait
avec aigreur, avec noblesse, avec tristesse, avec
indignation. Maman saisissait notre père par le bras
et gémissait, pleine d'angoisse : " Raymond, Raymond, pour l'amour de Dieu ! " Mon père, d'un
geste calme et résolu, écartait cette prière amollis-
sante. Allait-on l'empêcher d'accomplir son devoir,
de confesser, de prêcher l'évangile du bon usage ? Il
promenait sur l'assistance un regard froid et luisant.
Il souriait et prononçait avec une force glaciale :
" Quand on est affligé de cette affreuse manie, monsieur, on prend un fiacre... " La température morale
de l'omnibus montait brusquement au plus haut. Les
droits et les devoirs de l'individu dans le sein de la
société, voilà ce qui se trouvait en débat, et rien de
moins. Nous autres, les enfants, nous attendions la
catastrophe et feignions, mais en vain, de ne pas
connaître l'extravagant défenseur des bonnes manières.
En général, tout s'arrangeait : le bâilleur lâchait pied,
faisait place nette. Parfois, nous descendions nous-
mêmes. Encore dois-je dire qu'à l'occasion mon père
nous contraignait à dépasser notre but pour ne point
donner à croire qu'il se dérobait et quittait la partie.

Il arrivait aussi que mon père, faute de conviction
ou d'élan, n'attaquât pas franchement. Il laissait
alors paraître tous les signes de ce que l'on pourrait
appeler l'agitation préalable. Il haussait les épaules,
hochait la tête, multipliait les " hum ! " et les soupirs.

Maman, sentant venir la crise, entrait en agonie et cherchait en vain des diversions. Puis papa, sans encore élever la voix, exprimait le plus clair de sa pensée par quelque mouvement non douteux. A l'homme qui menaçait de s'assoupir, il dédiait un mouvement charitable de la main, comme pour le remettre d'aplomb. Au gaillard qui s'introduisait les doigts dans le nez, il proposait ce geste qui accompagne en général les expressions comme " à bas les pattes ! " A la personne qui se grattait sans vergogne, il avait l'air d'offrir gracieusement assistance. Sous entendu : " voulez-vous que je vous aide ? " Et, tout cela, sans la moindre trivialité, bien entendu, puisque le chevalier bataillait pour l'élégance et la bonne tenue.

Mon père ne pouvait supporter les grimaces, ni chez nous, ni chez les étrangers. Rencontrions-nous dans la rue un passant qui regardait le ciel en clignant de l'œil et en montrant les dents, papa lui disait tout net son sentiment sur cette pratique : " Pas de singeries, monsieur ! Ou vous vieillirez avant l'heure." Il avait une profonde horreur des tics et ne se retenait jamais de la manifester, surtout dans les endroits publics, sans pitié pour le tiqueur,* et en s'efforçant même de rallier à ses critiques tout le reste de l'assistance. Il considérait avec un dégoût non dissimulé certaines disgrâces physiques et ne dédaignait pas de donner des conseils. Comme il était fort bien chevelu, par exemple, il morigénait les chauves, surtout quand ils avaient l'impudeur — le mot est de mon père — de ne pas mettre leur chapeau. " Allons, couvrez-vous, monsieur ! Est-ce que je montre mes genoux ?"

Rencontrions-nous un quidam d'une laideur excessive, papa levait les yeux au ciel et criait : " Il faut être beau ! Je ne comprends pas... Pourquoi me tires-tu par la manche, Lucie ? Je te répète qu'il n'est pas permis d'être laid comme certaines personnes que je préfère ne pas désigner plus clairement."

Ces préoccupations esthétiques étaient parfois supplantées par des considérations d'hygiène. Mon père n'a jamais imaginé qu'il pût n'avoir point raison. C'est une chose à laquelle je pense quand il m'arrive d'être sûr, un peu trop sûr, de mon sentiment ou de mon droit. Papa ne pouvait souffrir qu'une femme portât un enfant de manière défectueuse. Il éclatait, pas d'autre mot. "Mais non, madame! on ne laisse pas pendre ainsi la tête d'un nourrisson. Vous en ferez un idiot ou un estropié, de ce petit." La dame s'avisait-elle de protester, elle ou quelqu'un de sa séquelle, papa devenait péremptoire. "Pas d'explication. Je sais ce que c'est que les enfants, madame, j'en ai eu six." Je l'ai vu saisir l'enfant et lui donner en grondant une position convenable. Il s'enflammait alors : "Je vais vous le porter jusqu'à votre maison. J'aime encore mieux ça. Vraiment, on n'a pas idée de pareils maladroits !" Et il s'en allait, effectivement, le marmot sur les bras.

Il y avait alors, en cet homme extraordinaire, du redresseur de torts et même, chose inimaginable quand on songe à la suite de son existence, du censeur et du moraliste. Je voudrais insister sur le petit mot "alors" : comme tout ce qui est de la vie, les caractères se transforment.

Mon père ne détestait pas les démonstrations à grand spectacle et publiait sans hésiter sa doctrine et ses raisons. Un soir, à la suite d'un accès de rêverie familiale, père décida de nous emmener au théâtre et, naturellement, nous allâmes au plus près, c'est-à-dire à ce petit théâtre Montparnasse qui, je crois, existe toujours et auquel je ne peux penser sans un léger mouvement d'angoisse. On y jouait une pièce dont

je ne saurais dire ni le sujet, ni le titre, ni l'auteur, ni
quoi que ce soit, sinon qu'à certain moment une femme
coiffée " en casque," * les mains dans les poches d'un
tablier noir, venait pousser des lamentations sur le sort
d'un monsieur qu'on avait mis en prison.   La salle
était toute échauffée par les globes laiteux des becs de
gaz et par le souffle d'une grosse foule populaire.
Soudain, je vis papa fouiller dans sa poche et sortir
son trousseau de clefs.   Ce devait être un geste connu
de ma mère, car elle devint verte et se prit à trembler.
" Ram… pour l'amour de Dieu ! "   Mon père avait
enfin trouvé la clef creuse qui lui paraissait convenable.
Il la mit à ses lèvres et commença de siffler.   Un sifflet
strident, discordant, opiniâtre. L'actrice s'arrêtait,
saisie.   En une seconde, la salle entière fut debout.
Papa s'était dressé de même, la moustache hérissée,
pâle mais encore souriant.   " Je ne comprends pas,
dit-il dans un soudain silence, je ne comprends pas
qu'un théâtre honorable joue de pareilles ordures ! "
Il y eut des rafales de cris et, bientôt, de hurlements.
" Va-t'en ! " clamaient les galeries. Et même : " On va
te sortir ! "   Père saisit des deux mains la rampe à
velours grenat.   " J'ai payé ma place, dit-il.   Je m'en
irai quand il me plaira."

Il se rassit dans la tempête.   Nous ne partîmes qu'à
l'entr'acte.   Chose étonnante, l'algarade n'eut aucune
complication au moment de notre sortie.   Avec des
mots et de la fermeté on tient beaucoup de gens en
respect.   Papa répétait, tout haut, pendant que nous
traversions les groupes : " Je ne comprends pas !… "
Oh ! c'est qu'il était peu tendre pour ce qu'il ne comprenait pas !

Je ne sais pas s'il faut, toutefois, donner le nom de
colères à ces manifestations publiques et véhémentes
de certaines manières de voir.   Dans le même ordre

de faits, il me faudra sans doute raconter, le temps venu, cette altercation terrible qui nous fit quitter la rue Vandamme et que, dans mon jargon personnel, j'appelle encore " la colère au propriétaire," comme on dit " la sérénade à Marguerite " * ou " la Sonate à Kreutzer." *

Ces comparaisons musicales ne sont pas hors de propos. Mon père, dans ses emportements, avait quelque chose d'un artiste. Il perdait rarement le contrôle de son personnage. Il semblait se gargariser* de sa voix, de sa maîtrise. Il s'écoutait, c'est bien le mot, et je l'en ai vu sourire, même au plus fort du mouvement. Il ressemblait à ces ténors qui s'essayent dans leur grand air et se demandent, en regardant le public, si ça vaut vraiment la peine de risquer l'ut de poitrine.* Je ne saurais dire quelles étaient, dans ses éclats, les proportions de vrai courroux, de sport, de curiosité, d'expérimentation et, sans doute aussi, d'habitude. Papa pouvait rester de longs mois sans colère, tels ces virtuoses qui, pressés de soucis accessoires, demeurent toute une saison sans toucher à leur instrument. Ce qui m'a toujours frappé, c'est la brusque chute du phénomène. Telle une bulle de savon — oh ! une bulle bien sonore — la colère s'évanouissait soudain. L'homme terrible se prenait à sourire. Cinq minutes plus tard, il n'y pensait plus, il ne nous gardait pas rancune de ses magnifiques désordres. Il s'étonnait de nous voir pâles et tremblants. Il était, de nouveau, maître de ses nerfs et, tout aussitôt, galant, gracieux, serviable. Il tirait sur ses longues moustaches et commençait de nous dépeindre l'avenir, cet avenir dont il n'a cessé de parler, jusque sur le seuil de la tombe.

Pendant ce fameux été, papa fit donc plusieurs colères démonstratives, exemplaires, et toutes à propos

de l'affaire du Havre.   Il avait, les premiers temps, ne
voulant pas écrire lui-même, dicté des lettres à maman.
Le notaire, au début, répondit de brefs billets recommandant la patience.   Puis il se lassa de répondre
et ce fut le silence complet.

C'est à propos de ce silence que papa commença de
faire des " gammes." Il disait, l'air glacé, mais le
poil raide, l'œil décoloré :

— Je vais y aller moi-même.

— Où donc ? haletait maman.

— Poser des questions au notaire.

— Ram, tu ne feras pas ça.   Je te connais, Ram.
Ce serait épouvantable.

Sur ces mots, papa faisait " hum ! hum ! " et il dédiait
à la corporation des notaires en général et à celui du
Havre en particulier une de ses plus riches vocalises.

Chose étonnante, lui qui se montrait si profondément choqué par les chamailles des Wasselin, il ne
pouvait admettre qu'une colère est une colère, un cri
un cri.   Il n'aurait souffert aucune comparaison entre
ses brillants solos et le triste chœur des voisins.   On
l'aurait sans doute offensé en lui dépeignant les Wasselin stupéfaits, la bouche ouverte, écoutant M.
Pasquier en train de donner de la voix.   Il était beaucoup trop sûr du bien-fondé de son courroux, du
caractère sacré de sa cause.   Il criait :

— De l'argent ? De l'argent ? Oui, je veux de
l'argent. Et pourquoi ? Pour continuer à m'instruire, pour m'élever au-dessus de moi-même, pour
devenir un homme supérieur, montrer ce que j'ai dans
le sang. Et tout le monde se met en travers de ma
route, même cet imbécile du Havre !

— Ne crie pas si fort, Raymond. Si quelqu'un
t'entendait et l'écrivait au Havre, ça n'arrangerait pas
nos affaires.

— Je l'écrirai bien moi-même.

— Raymond, je t'en supplie !

La voix du chanteur atteignait le registre extrême. Plus rien à faire de ce côté ; il fallait, pour le soulagement, se réfugier dans l'acte. Papa cherchait, d'un œil pâli, presque blanc, un objet friable * et qui, quand même, ne fût pas exceptionnellement coûteux. Un jour, comme nous étions à table, il saisit le plat qui était, comme on l'a deviné sans doute, un grand plat plein de lentilles.

— Raymond ! gémit maman. Le déjeuner des enfants.

— Ils mangeront autre chose, dit fermement l'homme superbe. Et, d'un geste très adroit, il jeta le plat par la fenêtre.

Nous habitions au cinquième. La fenêtre donnait sur l'impasse. Il y eut un moment de stupeur, puis on entendit un cri.

— Oh ! Raymond, tu as tué quelqu'un, dit mère avec douleur.

Papa était très pâle. Mais, déjà, Joseph, à plat ventre sur le balcon, inspectait les régions inférieures.

— Il n'y a rien, murmura-t-il. C'est Mme Tesson qui a eu peur et qui a poussé ce cri : elle était sur le pas de la porte.

Papa se calmait, brusquement. Maman bégayait encore :

— Raymond ! Pour l'amour de Dieu !

CHAPITRE X

Depuis notre emménagement rue Vandamme, Mlle
Bailleul nous rendait de fréquentes visites. Elle
s'occupait de Ferdinand qui s'allait préparer pour la
première communion. Bien que je fusse encore
jeune, elle me couvait déjà, car j'avais passé l'âge dit
de raison. Elle me donnait, au vol, mille clartés sur
le catéchisme. Le mot de clarté n'est pas trop fort :
Mlle Bailleul jouissait d'une foi lumineuse et simpli-
ficatrice. Un jour, elle me trouva jouant avec Désiré
Wasselin.

— Vous êtes l'ami de Laurent ? lui dit-elle.

— Oui, mademoiselle.

— Vous êtes baptisé, bien sûr ? Et catholique,
j'espère ?

Désiré fit " oui ", de la tête.

— Quand avez-vous fait votre communion ? Vous
êtes un grand garçon déjà.

Désiré baissa le nez et finit par avouer qu'il n'avait
pas encore fait sa communion, que ses parents avaient
trop de soucis, que ce n'était pas leur faute... Mlle
Bailleul écoutait, l'œil étincelant, les lèvres baignées de
salive, ravie à la pensée de cette brebis découverte,
de cette douce proie céleste. Elle fit, sur l'heure, une
visite aux Wasselin. C'était le soir, M. Wasselin, en

---

[1] [Nous omettons ici les considérations de Mlle Bailleul sur la
religion, qui forment la première partie de ce chapitre dans
l'édition originale de cet ouvrage (*note de l'éditeur*).]

pantoufles, reçut la missionnaire. Demeurés sur le palier, devant la porte ouverte, tous deux, le futur catéchumène * et moi, nous surprenions des bribes de l'entretien.

— Un pauvre d'esprit ! excellente mademoiselle, modulait le père douloureux. Un pauvre d'esprit, un enfant déchu. C'est dire que le royaume des cieux... Vous connaissez la chanson * beaucoup mieux que moi. Ça ne fait rien, si vous pensez que ça peut lui faire une belle jambe... * Non, pardon, mademoiselle, je dis ça, mais je pense à son âme... Vous dites, mademoiselle, tous les frais... je vous prie de croire que je ne suis pas hors d'état de subvenir aux besoins de ma progéniture, même à ses besoins spirituels. Enfin, nous acceptons, pour les frais, sauf, bien entendu, pour le repas de communion... * Je vous demande bien pardon, mademoiselle : pour le repas, je n'ai besoin de personne et je connais mon devoir. Il est bien entendu, mademoiselle, que vous nous ferez l'honneur et l'amitié d'assister à cette agape... Plaît-il ? Non. Rien. Prrrt.

Même assourdi, même vaporeux, le " cri de guerre " pouvait épouvanter la visiteuse angélique. Il n'en fut rien. Mlle Bailleul tint bon, fixa des rendez-vous, des jours, des heures, arrêta toutes sortes de dispositions.

— Je prendrai Désiré, dit-elle au moment de partir, en même temps que le petit Laurent Pasquier. Ils sont amis, c'est une chose excellente.

Mlle Bailleul, sans plus tarder, commença de nous donner les éléments de l'instruction religieuse. Mon cher Désiré fut tout de suite conquis. Le mauvais élève de la rue Desprez promit, dès le premier jour, d'être un aigle du catéchisme.

A quelque temps de là, comme nous devisions paisiblement sur le balcon, dans la fumée des trains,

5

par une soirée de l'été finissant, Désiré se lança dans
une confidence obscure.

— J'ai fait un vœu, Laurent.

— Qu'est-ce que c'est qu'un vœu ?

— C'est une chose que l'on promet, oui, une promesse, une promesse terrible et qu'il faut absolument
tenir.

J'écoutais, l'œil grand ouvert. Je ne comprenais
pas fort bien. Désiré Wasselin était mon aîné de
trois ans. Il connaissait beaucoup plus de mots et
d'idées que moi.

— Quelle promesse as-tu faite ? dis-je enfin.

— J'ai fait un vœu, oui. Si papa...

Désiré s'arrêtait, l'air réticent.

— Je ne peux pas t'expliquer ça. Tu es trop petit.
Et puis, c'est mon secret, à moi seul. Si papa...
devient... enfin, s'il fait certaines choses que je ne
peux pas te dire, eh bien ! pour remercier le bon Dieu,
je deviendrai prêtre. Tu comprends, Laurent ?

J'étais abasourdi, mais frappé d'admiration par la
grandeur du dessein.

— Mais, dis-je enfin, si ton papa... s'il ne veut pas
faire les choses que tu penses...

— Eh bien ! je ne serai pas prêtre.

— Que feras-tu, Désiré ?

— Rien. Je ne sais pas. J'aime mieux ne pas y
penser.

Je l'ai dit, l'été finissait. Nous l'avions passé sur
le balcon, sur le palier et, furtivement, dans les rues
de notre quartier. L'été s'achevait. De nouvelles
du Havre, point.

— Évidemment, disait papa, je peux renoncer.
Cleiss m'a proposé des travaux qui suffiraient à faire
bouillir la marmite, mais qui me prendraient tout
mon temps. Or je passe en mars mes premiers exa-

mens. Renoncer serait une folie, je ne veux pas renoncer. Je... ne... veux... pas. En attendant, si la lettre du notaire n'arrive pas, je vais accepter une partie des travaux dont m'a parlé Cleiss, des choses à faire la nuit.

Papa revenait, le soir, avec toutes sortes de gros livres et j'étais de nouveau réveillé vers le petit matin par les soupirs qu'il poussait en se brûlant la main pour s'empêcher de dormir.

Maman cousait, lavait, reprisait. Parfois, l'œil large ouvert, les lèvres écartées montrant sa denture qu'elle avait blanche et saine, le petit doigt séparé du reste de la main tirant l'aiguille, elle écoutait des choses que nous ne pouvions percevoir. Oh ! des choses familières : le chantonnement du gaz sous la marmite, la fuite susurrante du robinet, sur l'évier, peut-être même le bruit vivant du temps qui coule,* du loyer qui grignote comme un rat, minute à minute, les maigres réserves, la plainte imperceptible des souliers qui s'usent, la rumination des petites bouches qui veulent de la nourriture, l'appel de l'impôt, à l'affût. Et que sais-je encore ? Est-ce que l'on ne peut pas entendre, quand on tend une fine oreille, tous les soupirs de la vie qui s'en va, de l'argent qui s'évanouit, de la pensée qui bat de l'aile et s'épuise.

Parfois, maman disait :

— Sûrement, ça va venir. Nous en avons trop besoin. Ça ne peut plus ne pas venir.

Dès ce temps, elle ne priait plus de façon rituelle. A mi-voix, elle marmonnait des invocations étranges :
" Mon Dieu, que faire ? Les examens de Raymond, toutes les études, je sais que c'est sacré, je sais que c'est pour notre bien. Mais en attendant ça va devenir difficile. Et cette lettre de Lima qui n'arrive pas. Et mes pauvres sœurs de Lima qui ne donnent pas

signe de vie.   Oh ! je suis folle, je suis folle !   Comment pourraient-elles donner signe de vie, mon Dieu, puisqu'elles sont mortes ?   Toutes ces lettres de notaire, ça ne signifie rien.   Je ne peux pas leur écrire, à mes sœurs de Lima, puisqu'elles sont mortes.   Et pourtant, ce qu'il faudrait, c'est une lettre personnelle, quelque chose qui explique tout, quelque chose qui vienne du cœur."

CHAPITRE XI

DÉFECTION DE JOSEPH. LAURENT LE BON ÉLÈVE.
INTÉRÊT DE MME TESSON POUR LES AFFAIRES DU
HAVRE. UNE LETTRE DU NOTAIRE. LE LAVOIR DE
LA GAÎTÉ. FUGUE ET RETOUR DU PIANO.

L'automne de cette année-là fut marqué par plusieurs événements notables.

Tout d'abord, Joseph refusa de continuer ses
études. Cette décision jeta notre père en fureur et
maman dans un grand trouble.

— Voyons, Joseph, disait-elle, tu parles d'arrêter
tes études au moment même que ton père en commence
de terriblement difficiles. Et pourtant ton père n'est
plus jeune... C'est-à-dire qu'il est encore jeune et
même qu'il a l'air tout à fait jeune... Tu sais, Raymond, que je n'ai pas là-dessus les mêmes idées que
toi. Enfin, je n'ai pas voulu te blesser. Assurément,
tu ne parais pas ton âge, même à beaucoup près.
Mais, comprends-moi, Joseph, des études, il paraît
qu'avec les progrès de maintenant c'est absolument
nécessaire.

Joseph avait le regard rétif d'un cheval qui ne veut
pas sauter l'obstacle. Il était grand, assez robuste. Il
déployait une grosse voix mâle. Il se prit à gratter le
sol avec la pointe de ses chaussures. Papa grondait.

— Si ce n'est pas de la paresse pure et simple,
donne tes raisons.

Joseph ne refusait pas de s'expliquer :

— Des raisons, j'en ai beaucoup. D'abord, je ne

suis pas fait pour les études.   Oh ! je ne suis pas plus
bête qu'un autre, mais toutes ces histoires ne me disent
rien du tout.   Ce n'est pas mon genre.   Et je suis
même sûr que les trois quarts de ce qu'on apprend,
c'est parfaitement inutile, au moins pour ce que je
veux faire.   Et puis, il faut toujours acheter des
livres et des fournitures, même dans cette école où
j'étais.   Nous n'avons pas les moyens d'acheter tant
de choses.

— C'est une mauvaise raison, dit le père avec amertume.   Si tu avais vraiment la moindre envie de
t'instruire, tu les volerais plutôt, les livres...

— Ram, s'écria maman, ne lui donne pas, même en
riant, un conseil de cette espèce.

— Il sait bien ce que ça veut dire.   Des livres !
Des livres !   On les ferait sortir de terre, quand on en
a vraiment besoin.

Mon père tirait sur sa moustache.   Il avait l'air
profondément déçu.   Alors qu'il se préparait à donner lui-même, pour l'ascension de la tribu, le plus
grand effort de sa vie, voilà que, déjà, l'équipe de
relève manifestait des signes de fatigue.   Il dit enfin :

— Que veux-tu faire ?

Joseph tenta de se justifier.

— Si je poursuis mes études, je resterai bien huit
ou dix ans sans gagner d'argent.   Tandis que si je
commence tout de suite, dans le commerce...

Le grand mot était lâché, le mot vague et presti-
gieux.   En ce temps-là, qui n'est pas fort lointain, on
ne disait pas encore " les affaires " avec l'accent spécial
qu'on y met aujourd'hui.   On disait, de façon plus
modeste et plus précise, " le commerce."

Joseph entra donc dans " le commerce."   Une
maison de commission * le prit pour deux ans, au
pair, en apprentissage.   Papa levait les épaules et

poussait de grands soupirs. Il n'avait jamais pu se
courber sous aucun joug. Les mots d'emploi,
d'employé lui donnaient des crises de rage.

J'ai raconté, brièvement, elle ne mérite rien de plus,
cette petite scène familiale. Elle fixe un point
d'histoire et j'y pense volontiers quand Joseph dit
aujourd'hui : " Mes parents m'ont prié d'inter-
rompre mes études. Ils m'ont retiré de l'école en
plein succès. Ça ne m'a pas empêché d'arriver, bien
sûr : mais imaginez ce que j'aurais donné si j'avais
été favorisé comme les autres, je veux dire comme
les petits... "

La vie aime l'équilibre : alors même que Joseph
signait cette précoce démission, je me révélai, tout
soudain, comme un excellent élève. Je n'ai pas lieu
de commenter cette transformation. Je me rappelle
simplement que toutes choses me devinrent proches,
sensibles, transparentes. On a dit de la nature qu'elle
ne faisait pas de sauts ! Et si je considère non pas
même mes observations de savant et les recherches
auxquelles j'ai donné le meilleur de mes forces, mais
bien mon histoire et mon expérience personnelles, je
ne vois que bonds, que volte-face, que surprises,
illuminations et revirements.

L'école de la rue Desprez, où nous nous étions main-
tenus, devint bientôt pour moi l'un de ces lieux bénis
où l'orgueil sème et récolte avec un bonheur constant.
Cette allégresse du travail ne me faisait pas oublier
les angoisses de la maison. Midi et soir, en rentrant,
je m'arrêtais chez la concierge et toquais * au carreau.
" Non, non, me disait-elle, rien pour Pasquier."
Les jours de vacance, si je jugeais passée l'heure d'une
distribution, je descendais furtivement, sur la pointe
de l'orteil. Je savais, dès cet âge tendre, que le
courrier de la province arrive souvent l'après-midi.

Parfois, j'apercevais Mme Tesson dans la cour, en train
de brosser des nippes ou de faire la causette. Je lui
disais : " Rien pour nous ? " Elle haussait les
épaules : " Deux ou trois papiers, peut-être bien."
— " Mais des lettres ? " — " Peut-être bien une lettre.
Je vais voir ça tout à l'heure." — " C'est, murmurais-
je en rougissant, que nous attendons une lettre, une
lettre qui viendrait du Havre." Mme Tesson finit
par se rappeler le mot et, en me voyant passer, elle
disait, l'air bourru : " Monte seulement, mon petit
gars. Encore rien du Havre aujourd'hui."

Un soir, au début de l'hiver, en revenant de l'école,
j'eus comme un éblouissement. La concierge devait
être en course : sa porte était fermée. A travers la
vitre, j'apercevais la petite table sur laquelle on entre-
posait le courrier des locataires. La nuit tombait
déjà. La loge était fort sombre. Le bec de gaz du
vestibule laissait choir un rayon dansant sur les lettres
éparses et je vis que l'une de ces lettres portait notre
nom : Pasquier. C'était une enveloppe blanche, de
format commercial. Dans l'angle, on distinguait
deux ou trois lignes imprimées. En écrasant mon
nez sur la vitre, je finis par distinguer : *Étude*... mot
qui commençait de me signifier quelque chose. Et,
plus bas, un autre mot, le mot magique, le mot
Havre.

Je sentis mon cœur sauter comme un chevreau.
Ferdinand n'était point de retour : il préparait le
certificat * et suivait un petit cours supplémentaire.
Désiré, qui m'avait devancé, montait les degrés
lentement en heurtant le fond des marches, notre
bruyante coutume. D'un bond, je fus sur lui.
" Désiré, fis-je, elle est là ! " Il ne se trompa même
pas une seconde sur le sens de cette phrase sibylline.*
Il dit : " La lettre du Havre ? " — " Oui, mais

Mme Tesson est partie je ne sais où. Je monte prévenir
maman." Désiré m'emboîtait le pas. "Ah ! dit-il,
l'air pénétré. Elle est là ! Je l'aurais juré… " —
" Comment pouvais-tu le savoir ? " Désiré fit, tout
en montant, un mouvement des épaules comme pour
éluder la question, puis il murmura, baissant la tête :
" J'ai demandé à Mlle Bailleul de m'apprendre une
prière et j'ai prié pour ta lettre. Et, tu vois, elle est
arrivée." Son regard brillait de joie. Nous arrivions
sur le palier. Notre porte était close. Personne à la
maison, ce qui n'arrivait pas souvent. Je pris la clef
sous le paillasson. Elle était enveloppée d'une feuille
de papier blanc sur laquelle mère avait écrit : " Si vous
avez absolument besoin de moi, je suis au lavoir de
la Gaîté."

— Attends ta mère chez nous, me dit Désiré Wasselin. Ou, si tu vas chez vous et que tu ne veuilles
pas rester seul, je te rejoindrai dans un instant.

Je demeurais, le papier aux doigts, perplexe et, sans
savoir pourquoi, soudain très triste. J'avais cru
deviner que maman allait au lavoir public pendant que
nous étions en classe, et cette idée m'effrayait. J'avais,
de ce lavoir, une peur déraisonnable. Son haleine,
respirée au passage, me soulevait le cœur. De son
corridor étroit s'échappait, avec l'odeur, un bruit
terrible et confus. Deux gaillards en maillot rayé
paraissaient souvent sur le seuil et manipulaient en
jurant de hideux ballots de linge sale.

Je pensais à toutes ces choses et n'en pris pas moins
une ferme résolution. " Je vais aller dire à maman
que la lettre du Havre est chez Mme Tesson." — " Si
c'est ça, fit Désiré, je vais avec toi."

Nous descendîmes ensemble. Quelques minutes
plus tard, nous passions, la main dans la main, la
porte au drapeau de zinc.

Si la gaîté se nourrit de bruit, le lavoir de la Gaîté n'avait pas volé son nom ; mais, vraiment, rien n'était plus triste que le bruit de cette caverne. Dès le seuil, nous fûmes parfaitement abasourdis par un terrible vacarme de battoirs, de cris, de rires et de vapeur sifflante. De grosses lampes embrumées brûlaient au milieu des nuages. Un peuple de femmes besognaient, debout devant des baquets. Tout au fond de la salle, une marmite gigantesque répandait des flots de fumée. Un homme, pareil au démon, y brassait je ne sais quoi.

— Qu'est-ce que vous voulez, les gosses ? fit un bonhomme à casquette qui devait être le patron.

Désiré répondit avec beaucoup d'assurance :

— On veut voir Mme Pasquier.

Le bonhomme cria " Pasquier ! " Ce nom, qui fait partie de moi, me parut complètement étranger, méconnaissable.

Maman venait de surgir. Comme elle était petite et humble ! Que son visage était las ! Elle s'efforçait de sourire. Elle s'essuyait les mains à son tablier de grosse toile. Elle dit :

— Qu'est-ce que vous voulez, mes enfants ?

— Maman, fis-je, la lettre est là !

Le visage de ma mère s'éclaira joliment. Elle savait bien ce que je voulais dire. Elle se prit à trembler du menton, si fort que c'était presque drôle.

— J'ai justement fini. Attendez, mes enfants. Elle remplit un panier en m'expliquant certaines choses :

— Je viens ici pour les draps et d'autres pièces de lingerie que je ne peux ni faire couler * ni faire sécher à la maison. Je comprends ton sentiment, Laurent ; mais il ne faut jamais venir ici me troubler dans mon travail, sauf, bien entendu, pour la lettre du Havre.

Elle retira son tablier, couvrit le panier plein, rabattit ses manches et disposa sur sa tête une mantille de dentelle noire. Puis elle prit le panier du bras gauche et me tendit la main droite.

— Maman, fis-je à peine dans la rue, la lettre était sur la table de Mme Tesson. Je l'ai vue, la lettre, mais je n'ai pu la prendre : Mme Tesson était en course. Je pense qu'elle sera rentrée.

Mme Tesson était rentrée.

— Tenez, fit-elle en bougonnant, la voilà, cette fois, votre lettre.

Maman monta trois marches. Elle tenait le panier d'une main, la lettre de l'autre.

— Oh ! dis-je, lis-la tout de suite.

— Non ! répondit-elle. Chez nous.

L'escalier était long, le panier lourd. L'ascension allait lentement. Parfois, maman froissait la lettre entre son pouce et son index. En arrivant au quatrième étage, elle s'arrêta pour souffler. Elle se prit à hocher la tête.

— La lettre est bien légère, bien mince ! Mon Dieu, si ce n'était pas ça ! Si ce n'était pas ce que nous attendons !

Maman faisait toutes choses avec beaucoup d'ordre. Elle ouvrit la porte, puis alluma soigneusement la grosse lampe de la salle à manger, la grosse lampe de cuivre. Comme elle avait les doigts humides, elle sécha le verre de la lampe avec un torchon bien propre. Puis elle s'assit sur une chaise et ouvrit l'enveloppe du notaire. Je la regardais ardemment et, voyant trembler son menton, pensais à mille choses confuses, à mille êtres inconnus, aux examens de mon père, aux tantes de Lima, à l'aïeul Guillaume Delahaie, à l'exécution de Maréchal Ney... " N'aie pas peur, Guillaume... "

— Non, dit enfin maman en secouant la tête.

— C'est bien la lettre du Havre ?

— Oh ! c'est une lettre du Havre. Ce n'est pas la lettre du Havre.

— Mais qu'est-ce que c'est, maman ?

— Un papier qu'il faut signer. Je ne peux t'expliquer. Enfin, ça prouve quand même que cette malheureuse affaire suit son cours.

Maman laissa tomber la lettre sur ses genoux. Elle sentait l'eau de Javel et le savon. Elle avait les mains plissées, macérées par la lessive, et d'une blancheur douloureuse. Dès ce temps, elle portait son alliance à l'auriculaire, car ses doigts avaient grossi.

Maman regardait devant elle, fixement, vers le mur et plus loin que le mur.

— Oh ! fis-je en remuant ma main devant ses yeux, ne regarde pas ainsi.

— Pourquoi ?

— Ça me donne mal au cœur.

Ce soir-là, papa rentra très tard, bien après notre dîner. Il avait dû manger au dehors et s'installa tout de suite devant sa table de travail. Je couchais depuis quelques jours sur le fameux divan de Cécile. Je m'y tenais bien coi, dormais ou faisais semblant et ne gênais pas mon père.

— Que penses-tu de cette lettre, Raymond ? disait maman.

Papa haussa les épaules.

— Elle signifie clairement que les choses ne sont pas finies. Un pouvoir ! Ils en sont encore à demander un pouvoir ! Nous en avons pour deux ou trois mois, en mettant les choses au mieux. Avec ce que je dois toucher de Cleiss, nous pouvons aller deux mois.

— Mais, Ram, les enfants ont absolument besoin de

vêtements d'hiver. Et des chaussures et du linge !
Et le terme dans six semaines ! Nous n'arriverons
jamais.

Papa fit un long soupir.

— J'ai pensé, dit-il, à porter, pour nous permettre
d'attendre, quelque chose au Mont-de-Piété.

— Je ne dis pas non, mais quoi ?

— Le piano, par exemple.

— Effectivement, le piano.

— Je le ferai enlever demain.

— Note bien, Raymond, dit encore maman, que
l'affaire suit son cours, puisqu'il demande un pouvoir.
Nous finirons par le toucher, cet argent.

— Oh ! bien sûr, quand nous serons tous morts et
enterrés. Mme Delahaie doit bien rire, dans l'autre
monde.

Le lendemain matin, quand nous revînmes de l'école,
le piano était parti. Cécile, depuis la rentrée, parta-
geait son temps entre ses leçons de musique et les
classes de la rue Crocé-Spinelli où je la prenais au
passage. Elle dit :

— Où est mon piano ?

Maman soupira, l'air gêné :

— Il est en réparation.

— Mais, dit la petite fille, il n'était pas cassé.

Elle se prit à sangloter. Papa fronçait les sourcils et
tirait sur sa moustache. Cécile refusa de déjeuner
et même d'aller en classe. Elle s'était réfugiée à plat
ventre sous un lit et ne cessait pas de pleurer. Journée
misérable. Vers le soir, père eut avec maman un
entretien à voix basse :

— Je porterai nos deux montres. Elles sont en
or, toutes les deux. Et je reprendrai le piano.

— Mais, Raymond, rien que le transport ! Ça va
manger un bon tiers de la somme.

— Tant pis ! Je me suis trompé. Je mettrai aussi ton camée et mon épingle de cravate. Mais je ne peux pas supporter d'entendre pleurer cette petite. Après tout, elle a raison. C'est son goût, son avenir.

Maman hochait les épaules. Papa se remit au travail.

Le lendemain, il y eut des jurons de déménageurs dans l'escalier. Le piano reprit sa place et Cécile sa gaîté. On entendit plus souvent papa nous crier de loin : " Quelle heure est-il, à la pendule ? "

CHAPITRE XII

NUITS D'HIVER. FRAYEURS ET FANTÔMES. MAUX D'OREILLES. CONNAISSANCE DE L'HÔPITAL. POISSON ROUGE ET CANARI. EXCURSIONS AU MONT-DE-PIÉTÉ. APPARITION D'UNE COMÈTE.

Hiver, hiver, tunnel ténébreux ! Le temps gronde, le vent soupire et l'on aperçoit de loin, très loin, peut-être de l'autre côté de la terre, une lueur bleue, éblouissante. C'est là-bas, tout là-bas, que le tunnel s'ouvre enfin sur une saison plus miséricordieuse.

Il faut vivre et patienter. Les nuits sont infinies, visitées de rêves tourmenteurs. Pourtant, bien close est la maison : l'air chante en vain sous les portes et fait sonner, par accès, le rideau de fer des cheminées. Le feu prisonnier se meurt dans le creux de la cuisinière. On a laissé toutes les portes ouvertes pour que les dernières bouffées de chaleur arrivent jusqu'au seuil des chambres. Père travaille, roulé dans sa robe de moine. Il répète des bouts de phrase en remuant les lèvres. Tantôt il retient son haleine et tantôt il la libère avec un " han ! " de manouvrier. Il ne sait pas encore très bien faire travailler son esprit sans contracter un peu ses muscles, à la façon de ses ancêtres, les paysans.

Maman coud, dans la salle à manger. Elle va vite, elle est pressée. Je ne saurais vraiment pas l'imaginer nonchalante. Elle sera toujours pressée, même plus tard, dans le paradis, dans le séjour du repos, de ce repos qui ne peut être qu'une espèce de travail agréable

et sans surprise, comme de marquer du linge ou de
faufiler des ourlets.   De `temps en temps, maman
parle à voix basse, pour elle seule.   C'est qu'elle fait
ses comptes, ou tire des plans ou compose en secret le
brouillon d'une lettre pour Lima, d'une lettre imaginaire.

Les deux frères aînés dorment dans leur chambre et
Cécile dans le lit de bois.   On les entend respirer,
parfois rêver tout haut.   C'est la paix.   Le monde
est sage.

Pourtant, la peur est là.   C'est une créature de
l'ombre, une fille de la noire nuit.   Elle a toutes les
ruses, toutes les fantaisies, tous les visages, toutes les
formes.   Parfois, et c'est terrible, elle n'a ni forme, ni
visage.

La nuit d'hiver s'éternise.   Maintenant, tout le
monde est couché, même le père avec ses soupirs,
même la maman qui, dirait-on, se dépêche de dormir
pour arriver plus vite aux travaux du matin.   L'enfant
se lève sans bruit.   Il va, pieds nus, tendant les mains,
il va jusqu'au vestibule et vérifie, à tâtons, que la
serrure est bien fermée, qu'on a poussé le verrou.
Une seconde, l'enfant hésite.   Que vérifier encore?
Le robinet du gaz?   N'est-ce pas de la cuisine que
s'échappe une légère odeur de gaz?   L'enfant glisse
comme une ombre sur le carrelage frais encore du
dernier lavage.   Le petit promeneur nocturne touche
le robinet du gaz et s'éloigne, et, soudain, revient.
Il n'est pas absolument sûr d'avoir bien senti que le
robinet du gaz était fermé tout à fait.   O doute !   O
scrupule !   Deux fois, trois fois de suite, les doigts
assoupis repassent tout autour du robinet, au risque
même de l'ouvrir.   Et cette dernière pensée détermine
une vérification supplémentaire.

C'est tout ?   Non.   Encore la fenêtre.   Elle est

fermée. Pour l'atteindre, l'enfant heurte le fauteuil
de papa. Presque rien : un bruit imperceptible,
comme en doivent faire les revenants quand ils
volettent par les chambres. Une voix cependant
s'élève, somnolente, enténébrée : " On a bougé ?
Qui est-ce qui marche, à côté ?   C'est toi, Joseph ? "
Silence. L'âme de la mère cède à la torpeur, retombe
dans le gouffre. L'enfant cherche, maintenant, la
place de son lit. Il a froid. Il claque des dents. Il
s'imagine, il se voit errant dans le noir, comme une
ombre malade. Il a soudain peur de soi-même.

Le lit !   Le refuge !   La coquille !   Tout est fermé :
les ennemis de l'extérieur seront tenus en respect.
Restent les autres, les insaisissables, les monstres sans
corps, sans forme et sans couleur, les pensées, contre
lesquelles on ne peut rien.

Quel est ce personnage couleur de phosphore ?
Par quel sortilège est-il entré dans la maison ?   Il
s'avance étrangement sans remuer les jambes. Il a
pour ombre une lumière morte dont toute la chambre
est saisie. Il porte une serviette sous le bras, une
redingote, une cravate blanche, un lugubre chapeau
haut de forme. Il ricane en silence. Il est affreuse-
ment muet. Avec le doigt, il écrit sur le mur, en
lettres de feu vert : " Je suis le notaire du Havre."

Il s'effondre. Il se dissout dans la nuit comme
un bout de sucre dans l'eau. Derrière lui, surgissent
des dames. Oh !   Oh !   Les tantes de Lima !   Elles
ont la peau presque noire, à cause du soleil tropical, des
lèvres brûlantes de sang, de grands peignes espagnols.
Pour les recevoir, l'oncle Prosper sort, tout aplati,
de l'album où sont collées les photographies de la
famille.

Et maintenant, ce bruit terrible !   Horreur ! c'est
un squelette. Il sourit, de toutes ses dents. Il porte

un chapeau bicorne et un portefeuille à chaîne de cuivre, comme les messieurs qui viennent présenter les traites. Il sourit encore et tend la main pour demander de l'argent. Tous les fantômes, rassemblés, tendent la main et demandent en chœur de l'argent, de l'argent, de l'argent, de l'argent.

Et puis, les fantômes s'envolent. Le monde réel donne de ses nouvelles : on a marché dans l'appartement voisin, l'appartement vide où ne vivent que les araignées. On a marché. Voilà qu'on tousse, tout bas, mais distinctement. Et le bruit change encore : c'est une voix d'enfant qui pleure. Oh! oh! on gratte à la muraille. Là, tout contre mon lit, tout contre mon cœur. Mes cheveux prennent soudain comme une vie indépendante. Ils grouillent. Je les sens grouiller.

Diversion rude et souveraine. Ce bruit, dans la rue, au loin. C'est l'appel des pompiers. Encore le feu. Le feu! L'hiver passé, tout un magasin a brûlé sous nos fenêtres. L'odeur et le chaud des flammes entraient jusque dans la maison. Que ferions-nous, Seigneur! s'il nous fallait descendre de notre cinquième étage au bout d'une corde, dans le vide, ou même nous précipiter sur des matelas posés par terre, à cet effet? Brrr! Ah! le cri des pompiers s'éloigne. Ce feu-là n'était pas pour nous.

Je fus réveillé, certain soir, non par un fantôme de notaire, mais par une très vive douleur logée dans le fond de l'oreille. Je n'avais pas encore libéré mon premier cri que mère était déjà sur pied. Elle vint au bord de mon lit et me regarda longtemps, d'une façon méditative. Ce regard me soulageait. Pourtant je me repris à pleurer. Maman disait : " Retiens-toi, mon chéri! N'empêche pas ton père de travailler." Papa me coula dans l'oreille malade une

larme d'huile tiède, puis il se remit au travail.   Il avait
l'air inquiet.   Il tenait sa tête à deux mains et faisait
un effort visible pour rassembler son attention et pour
penser à son ouvrage.   Cela n'allait pas sans peine.
Alors, maman m'emporta, roulé dans une couverture,
jusqu'au bout de l'appartement.   Elle me tenait et
me berçait comme on berce un nourrisson en chantant
tout bas, tout bas, cette complainte effrayante de la
femme blessée au front.   Comme je pleurais encore,
elle me dit avec passion : " Laisse travailler ton
père, je t'en supplie, mon chéri.   Et je t'achèterai,
demain, quelque chose de beau.   Que veux-tu que je
t'achète ? "   Je cessai de pleurer pour répondre :
" Un poisson rouge."

Le lendemain, au réveil, l'abcès de mon oreille
s'était ouvert tout seul.   J'avais encore beaucoup de
fièvre.   Le café bu, l'époux servi, les enfants à l'essor,*
maman m'habilla chaudement.   Elle avait les lèvres
serrées et cet air de résolution presque farouche qu'on
lui voyait dès que l'un des siens courait quelque péril.
Elle m'enveloppa la tête d'un foulard, se vêtit à la
hâte et me prit dans ses bras.   J'étais déjà long, j'étais
lourd.   Elle me porta bien courageusement jusqu'au
coin de l'avenue et fit signe à l'omnibus.

Que je ferme les paupières, et je revois l'hôpital.
Je retrouve même la salle d'attente, avec son odeur,
son poêle de fonte, ses banquettes de bois, ses angoisses.   Et puis, la salle d'examen.   Elle est longue
comme un couloir et presque obscure.   Les médecins
vêtus de blanc sont rangés côte à côte comme les
ouvriers d'une fabrique.   Ils ont chacun leur lampe,
chacun un miroir sur le front, chacun leurs instru-
ments, leur table, leur malade appuyé contre le mur,
tel un condamné.   On entend, ici et là, une personne
qui se plaint, qui dit : " Doucement, monsieur.   Oh !

plus doucement, je vous en prie ! ”   Et la voix monte
et descend comme pour une chanson.   Vraiment, on
croirait entendre une chanson, et c’est encore plus
horrible.

Mon tour vint de souffrir et de chanter aussi.   Ma
mère me tenait à plein bras et disait, l’air éperdu :
“ Je t’achèterai le poisson rouge, mon chéri.   Les
oreilles, c’est si douloureux !   Le poisson rouge et
même autre chose encore.   Mais ne bouge pas, pour
l’amour de Dieu !   Que le docteur voie bien ! ”

Je me retins de pleurer et demandai un oiseau.

Ma guérison ne prit pas moins de deux longues
semaines et je dus retourner plusieurs fois à l’hôpital.
J’eus mon poisson rouge et mon oiseau.   Ils vécurent
l’un et l’autre assez longtemps pour mériter une mention dans l’histoire de notre vie.   Je pense que, s’ils
avaient brusquement reçu le don de la parole, ils
auraient eu des opinions personnelles sur le notaire
du Havre.   Parfois, en rentrant de l’école, je trouvais
maman moins triste, l’œil plus vif, les traits détendus.
“ On pourrait croire, disait-elle, qu’il n’y a rien de
commun entre un poisson rouge et nous.   Et ce
serait une erreur.   Pendant les heures où je suis
seule, eh bien ! cette petite bête me tient société.
C’est du mouvement, c’est de la vie, quelque chose
qui, quand même, nous ressemble, si peu que ce soit.
L’idée ne me viendrait pas de causer avec la machine
à coudre, bien sûr ; mais je parle au poisson, surtout
au poisson, vois-tu ?   Le serin fait trop de bruit.   Il
n’a jamais bien l’air d’écouter ce qu’on lui dit.”

Ce que maman pouvait confier au poisson rouge,
pendant ses instants d’abandon, je l’imaginais assez
bien, si petit que je fusse alors.   L’hiver allait s’ache-
ver, pour nous, dans une gêne grandissante.   Toutes
sortes d’objets venus avec notre héritage quittaient

le logement pour une destination à vrai dire non
mystérieuse, car les mots de Mont-de-Piété revenaient
dans nos entretiens avec une familiarité obsédante.
Nous avions vu disparaître les gravures encadrées,
les assiettes de faïence, les dessus de cheminée.   La
pendule, à son tour, partit en excursion.   " Ça ne fait
rien, disait père avec un grand soupir.   On peut voir
l'heure, par la fenêtre, aux ateliers du chemin de fer."
Le baromètre, à son tour, faillit entreprendre le
voyage.   " Oh ! disait ma mère, pour ce qu'on nous en
donnera ! "   Mon père haussa les épaules et remit le
baromètre au mur.   Il avait cet air obstiné que dut
montrer à ses proches l'illustre Bernard Palissy.*   Il
disait, pour maman, et nous l'entendions aussi :
" J'engagerai jusqu'à mon lit, mais je passerai mes
examens.   Pour les premiers, Lucie, ce n'est plus
qu'une affaire de jours.   Je ne veux pas finir ma vie
dans de vagues petites besognes.   Je veux arriver,
arriver !   Ça vaut bien quelques sacrifices.   Ce qui
me désole, c'est d'en infliger aux enfants."   Il ne
parlait même pas de maman.   Il l'a toujours considérée, traitée comme du petit bien.

Ainsi passaient les jours et papa serrait les dents.
Nous fûmes donc assez surpris de le voir arriver, un
soir, l'œil radieux, la bouche allègre.

— Nous avons, dit-il gaîment, une chance extraordinaire : nous allons être expropriés.

CHAPITRE XIII

PETIT DUEL DELAHAIE-PASQUIER. MIRACLES ET FAN-
TAISIES DE L'EXPROPRIATION. L'ANIMAL ANTIPOLI-
TIQUE ET LA PHILOSOPHIE INDIVIDUALISTE. ESPÉ-
RANCES DÉLECTABLES. L'AMICALE DES LOCATAIRES.
APOLOGIE DES CHEMINS DE FER. PRÉPARATIFS
D'EXODE. DÉCADENCE ET MORT D'UNE GRANDE
PENSÉE.

Malgré la voix joyeuse et malgré, même, le sourire, cette déclaration tomba dans un silence effaré. La moitié de l'auditoire ne comprenait pas le mot. Le reste s'efforçait à digérer la nouvelle, à découvrir ce qu'elle pouvait comporter de vraiment favorable.

— Quoi ! s'écria d'abord Joseph, on va nous chasser d'ici ?

Joseph était un enfant ; son visage n'en exprimait déjà pas moins toutes sortes de passions fortes. Par un mécanisme obscur, ce jeune et frais visage commença de se contracter, de faire des plis laborieux et ressembla, pendant toute une minute, au visage vieil et défiant de tante Anna Troussereau. Le sourire paternel ne rassurait plus Joseph. Expropriés ! Il remâchait ce mot et le trouvait brutal, gros de déconvenues, de menaces, de visites d'huissiers, de papier timbré bleu.

Père haussa les épaules et s'assit à table. Maman réfléchissait. Comme toujours, elle demandait, pour prendre son élan, quelque peu de temps et de recul.

— Expropriés ! dit-elle. Oui ! Je pense que M.

Ruaux, le propriétaire, peut y trouver bien de l'avantage et qu'il va toucher gros * ; mais nous, les locataires ? Nous allons être sacrifiés, dans cette histoire. C'est seulement du travail, du tracas en perspective.

Père haussait encore les épaules, mais avec plus d'enjouement.

— On voit bien, Lucie, dit-il, que tu connais mal ces affaires d'expropriation.

— Je te demande pardon, fit maman, méditative. Mes parents Delahaie ont été expropriés, une fois, pour un terrain qu'ils avaient à la Rivière-Saint-Sauveur,* quand on y a mis le chemin de fer. Mais ils étaient propriétaires.

Les traits de papa se durcirent.

— Nous ne sommes pas des Delahaie, malheureusement, et nous ne sommes que locataires, nous autres.

— Ram ! Ram ! Qu'est-ce que tu vas chercher ? Delahaie ! Mais je finirai par ne même plus me rappeler que je l'ai été, Delahaie, que je l'ai été jadis, tant je suis devenue Pasquier, comme vous autres. Oh ! Pasquier à ta façon, pas à celle de ta sœur, ni de l'homme au piston, bien sûr. Ce que je t'en ai dit, Raymond, c'est pour te mettre en garde.

Papa souriait de nouveau, mais avec amertume. Il plia le jarret de manière à montrer la semelle de ses chaussures, qui était mince et ulcérée... *

— En garde... murmura-t-il. Tu penses que j'y suis, en garde. Encore un mois, peut-être moins, et je ne serai plus présentable. Les jours de pluie, je sens l'eau qui me grimpe jusqu'à la cheville.

— Je sais, dit maman. Je les vois bien, quand je les brosse, le matin, ces malheureuses chaussures.

— Dans un mois, reprit papa, mes premiers examens seront passés. C'est un grand pas, bien sûr. Mais

c'est loin de représenter une solution. De l'argent à
sortir, encore. Pour le moment, pas autre chose.
Qu'est-ce que tu veux que je fasse ?

Toutes les figures, même les plus fraîches, semblaient soudain voilées de crêpe. La lumière de la
lampe était maladive, désolée. Maman, dans ce
cas-là, revenait toujours la première à la surface de
l'eau.

— Heureusement, dit-elle, heureusement que nous
allons être expropriés. C'est bien ce que tu disais ?

Papa se reprit à sourire.

— Tu ne m'as même pas laissé vous expliquer la
chose. Tu sais, pourtant, Lucie, que je ne m'emballe
jamais. Tu le sais.

O puissance de l'amour ! Maman secoua la tête
avec flamme et même leva les bras à mi-chemin du ciel
pour bien montrer qu'elle savait ce qu'on la priait de
savoir et que papa était l'homme du monde le moins
capable de s'emballer.

— Il est entendu, reprit cet homme calme, il est
entendu que le propriétaire du bâtiment, je parle de
notre maison, va recevoir le plus gros de l'indemnité.
Mais nous autres, simples locataires, nous avons voix
au chapitre.* L'expropriation nous porte dommage
et ce dommage est toujours évalué de la façon la plus
large par une assemblée spéciale qu'on appelle jury
d'expropriation. Attends, Lucie, que je t'explique tout.

Nous sentions bien que maman commençait d'entrer
dans le jeu. Le peuple de Paris vivait encore dans le
souvenir enthousiaste des grandes expropriations
faites pendant le second Empire.* On racontait, dans
les cafés, dans les omnibus, sous les porches, des
aventures légendaires, l'histoire d'un savetier, celle
d'un marchand de frites qui n'avaient cédé leur
échoppe qu'en échange d'une fortune. On commen-

tait les complots et les ruses des politiques pour attirer
sur leurs clients et sur eux-mêmes les averses dorées de
l'expropriation.   Être chassé de chez soi par l'armée
des démolisseurs, c'était pour une foule de gens le
comble du succès.   On propageait, sous le manteau,
des renseignements magiciens.   Des débrouillards,
prévenus à temps, s'allaient loger sur la trajectoire
future d'une grande avenue vorace.   Certains n'avaient
vraiment pas de chance : l'expropriation leur passait
à deux mètres du nez, quelquefois moins encore,
et les laissait torturés de déception pour le reste de
leur vie.   On en avait vu plus d'un se suicider de
dépit, ou même tomber en démence.   Les expropriés,
cependant, roulaient carrosse, buvaient le champagne et menaient une existence scandaleuse.

— Oui, fit maman, ravalant un excès de salive, ce
qui, chez elle, était grand signe d'émotion, oui, Raymond, explique-moi tout.   Par qui d'abord, par qui,
devons-nous être expropriés ?

— Par le chemin de fer de l'Ouest.

— C'est pourtant vrai, dit maman.   Et je n'y
aurais pas pensé.   Je me demande même comment il
se fait que ce ne soit pas arrivé plus tôt.

Elle ne partait pas tout de suite ; mais, quand elle
était partie, vraiment, elle y mettait du cœur.   Rien,
à compter de ce moment, ne lui semblait plus impossible.   Mon père aurait dit que nous allions être
expropriés par la Tour Eiffel à qui nous faisions de
l'ombre, et ma mère l'aurait cru.   Le principal était
de l'amener à température convenable.

— Depuis longtemps, reprit père, il est question
d'élargir la gare Montparnasse et le pont de l'Avenue
du Maine.   Ça, c'est pour plus tard.   Ce qu'on va
faire tout de suite, ce sont des voies supplémen-
taires et peut-être même un pont pour la rue du

Château, en place du passage à niveau.   La Compagnie
de l'Ouest achète un morceau de terrain qui longe
toute la rue Vandamme.   Nous sommes aux premières loges et ça ne va pas traîner.

— C'est merveilleux ! fit maman.   Et comment
sais-tu tout cela ?

Papa se prit à rire.

— Si je te le dis, avoua-t-il, tu vas tout de suite
penser que ce n'est pas sérieux.   Je le sais par Wasselin.

— Oui, bien sûr, fit maman de la façon la plus vague.
Elle était un peu déçue.   Tout ce qui venait du côté
Wasselin, notre Désiré mis à part, lui semblait d'odeur
suspecte.   Et papa pensait de même, tout au moins à
l'ordinaire.

— Wasselin, reprit-il avec force, ne m'inspire
aucune confiance.   Je dis cela devant vous, les enfants, en vous priant de ne pas le répéter.   J'ajoute
que, si vous le répétez, ça m'est parfaitement égal : je
ne cache pas ma façon de voir.   Mais il vaut mieux
n'en rien dire, tout au moins en ce moment.   Car,
pour une fois, les renseignements de Wasselin sont
exacts.   Je te l'ai dit souvent, Lucie, Wasselin a tous
les vices, et même celui de faire de la politique.

Le visage de ma mère exprima tout aussitôt l'étonnement et l'horreur.   Mon père était, par nature, un
" animal antipolitique " et même " apolitique " ainsi
que disaient, au siècle dernier, les individualistes,*
précurseurs de Nietzsche.*

Il y a, dans les profondeurs de la mer, des poissons
qui vivent en bandes, qui vont, le flanc contre le
flanc, l'aileron frôlant l'aileron, et qui, par milliers et
millions, remontent les mêmes courants, affrontent
les mêmes tourbillons, se livrent aux mêmes ripailles
et tombent dans les mêmes filets.   Mais il est, en

revanche, de ces nageurs sauvages qui cherchent leur
chemin tout seuls, au hasard des sargasses, des bas-
fonds et des récifs.   Mon père était semblable à ces
enragés solitaires, non par calcul égoïste, mais par
logique et raison, parce que tout ce qu'il voulait
dépendait d'abord de lui-même et que, s'il fallait
s'instruire, s'élever, comme il disait, le mieux était
encore de commencer tout de suite et de commencer
par soi.   J'ajoute qu'il nourrissait un de ces orgueils
exigeants qui s'accommodent mal du " nous."

O père, père, comme la lumière du souvenir te va
bien ! Comme elle t'éclaire avec indulgence ! Je
suis parti dans mon récit le cœur torturé de reproches,
malgré la mort et les années.   J'avais si grand besoin
de me purger de ma rancune, d'assouvir mon ressenti-
ment.   Et puis, le récit marche, ô père, mon récit
dont je ne suis plus le maître.   Le souvenir me verse
je ne sais quelle consolation.   Je me sens tout prêt, ô
père, à célébrer ta louange.   Vas-tu donc me tromper
encore une fois, père insaisissable ?   Vas-tu donc me
faire oublier que je n'ai pas pu te chérir ?
     De la politique !   Vraiment !   Misérable M. Wasse-
lin !   Il ne manquait plus que ça !   Le visage de ma
mère exprimait une réprobation tempérée de pitié.
Du moment que notre père méprisait la politique, force
nous était de croire que la politique était un exercice
disgracieux, malpropre et somme toute damnable.
     Déjà, père reprenait :
     — Je croyais Wasselin bien incapable de rendre à
qui que ce soit un service quelconque.   Eh bien ! on
ne sait jamais.   Il a rendu des services à Saint-Hilaire,
le conseiller municipal du quartier.   Ils se rencontrent,
ils se parlent.   Je les ai vus ensemble.   Et c'est par
ce Saint-Hilaire que Wasselin a le renseignement.

Nous allons être expropriés, voilà ! Et dès le mois prochain.

— Mais qu'est-ce que nous pouvons toucher, nous autres, simples locataires ?

— Attention ! Nous ne sommes pas des locataires comme les autres. Je travaille chez moi. Mon appartement est mon local professionnel, quelque chose comme mon atelier. J'entre, de ce fait, dans une catégorie spéciale.

— Oui, et que touchent, par exemple, les gens de cette catégorie ?

— Ça peut faire dix mille francs, peut-être douze mille.

— Attends, murmura maman. Attends que je fasse mes comptes.

Elle fermait l'œil à demi, remuant les lèvres en silence.

— Dix mille, dit-elle enfin. Mais, c'est énorme, Raymond. Pense qu'un déménagement nous reviendrait, tout compris, à quelques centaines de francs. Je calcule sur le dernier.

— Je sais, répliquait papa. Et c'est bien pourquoi je dis que nous avons beaucoup de chance.

— Si, par surcroît, nous recevions la lettre du Havre, ce serait presque la fortune.

— Oh ! fit papa, dédaigneux, pour ce monsieur du Havre, nous serions beaucoup moins pressés. Dix mille francs d'avance ! Et sans papiers timbrés, sans chicanes, sans procurations, sans aucune de toutes ces singeries notariales.* Ça vaudrait même la peine de se soulager un peu et de lui écrire, à ce personnage du Havre. Une lettre… oh ! quelque chose de franc et de vigoureux. Toute ma façon de penser.

— Non, Ram ! non, je t'en prie. Ne mets pas cet homme contre nous. Si l'argent du Havre nous

tombe, eh bien ! nous toucherons des deux côtés, et
ce ne sera pas de trop.

Bouche bée, nous, les enfants, nous assistions à ces
pluies d'or.

Nous eûmes, le lendemain même, la visite de Wasselin.   Une véritable visite.   Il avait mis des gants.   Il
avait l'air important, affairé, jovial.   Il portait sous
le bras un dossier de paperasses, un peu trop gros,
sans doute, pour une affaire aussi jeune et que,
d'ailleurs, il n'ouvrit pas.   Il disait à papa :

— Nous avons somme toute le droit et même le
devoir de formuler des vœux ou, comme on dit en
bon langage, des desiderata.   Vous, Pasquier...   Permettez que je vous appelle Pasquier, tout cordialement,
c'est plus simple.   Vous, mon cher Pasquier, je vous
inscris pour quinze mille.   Regardez: j'écris quinze
mille dans la deuxième colonne.   Vous dites que c'est
beaucoup ?   Mon cher, avec les gens de cette espèce, il
faut demander un tonneau pour obtenir une bouteille.
Le conseiller Saint-Hilaire me le disait hier encore.
Moi, je m'inscris pour douze mille, mon loyer est plus
faible que le vôtre et je ne travaille pas à la maison.
J'ai vu M. Courtois : il est inscrit pour dix mille.   Pas
d'enfants, vous comprenez ?   Soyons prêts à nous
défendre.   C'est que nous allons tomber sur des
pirates, sur de véritables requins.

Ce fut, pour M. Wasselin, une période brillante.
Il avait de grandes pensées, de grands desseins, de
grands mots.   Il proposa tout de suite de fonder une
" Amicale des locataires." *   Il écrivait ce titre sur
des feuilles de papier, en ronde, en bâtarde,* en
gothique.   Il imaginait des sous-titres : " groupe-
ment solidaire pour la sauvegarde des citoyens touchés
par les expropriations imminentes."   Il vagabondait
du haut en bas de la maison, recueillant sur chaque

palier des signatures bénévoles. Il disait en présentant ses paperasses : "Notre société de défense mutuelle est placée sous le haut patronage de M. le Conseiller Saint-Hilaire, mon ami personnel." Il persuada tout le groupe de prendre un avocat et proposa Me Mollard, "une des gloires du barreau." Pour invisible qu'il fût, Me Mollard ne travaillait pas gracieusement et demanda tout de suite une petite provision. Les membres de l' "Amicale" versèrent chacun à Wasselin la modique somme de vingt francs.

A quelques jours de là, pendant l'heure du déjeuner, Wasselin pénétra chez nous. Il tenait à la main cette serviette de table qui lui rendait de si grands services dans les mouvements oratoires.

— Venez, dit-il, et regardez ! Je ne dis pas "hommes de peu de foi !" car ce n'est pas la foi qui vous manque, heureusement. Ça ne fait rien : regardez quand même.

Il ouvrit la fenêtre au vent de mars et nous poussa tous, petits et grands, sur le balcon. Une équipe de terrassiers, portant pioches et pelles, cheminait sur le ballast entre les rails du chemin de fer. Deux ou trois messieurs en chapeau melon, probablement des ingénieurs, prenaient des mesures avec une chaîne de géomètre. Un secrétaire notait des chiffres sur un registre.

— Voilà ! s'écria Wasselin. Voilà les travaux qui commencent. Et l'on peut dire que ça n'aura pas traîné.

Un des ingénieurs se prit à regarder notre maison. Il fit un geste comme pour écarter quelque chose et se tourna vers ses collègues en parlant avec beaucoup de vivacité. L'enthousiasme de Wasselin ne connaissait plus de limites.

— Et c'est par notre maison que va commencer le

massacre. Mon illustre ami le conseiller Saint-
Hilaire le disait encore ce matin.   Regardez, mes enfants, regardez ce vieux quartier qui, bientôt, ne sera
plus qu'un souvenir historique, un chantier du progrès.   La pioche des démolisseurs fraye la route de
l'avenir. Démolir, c'est édifier. Rappelez-vous,
jeunes gens, que vous aurez, dans votre enfance,
assisté, muets d'étonnement, à cette magnifique ex-
pansion des chemins de fer.   Je regrette de n'avoir
pas, en ce moment, quelques flacons de champagne à
la maison. Nous aurions bu, solennellement, aux
temps nouveaux.   Donnez-moi votre main, Pasquier,
votre loyale main d'exproprié, membre actif de
l'Amicale des locataires.   Non, ne parlez pas de pré-
sidence ni de président : ce que j'ai fait n'est rien.
Au surplus, je n'ai pas d'ambition terrestre. Je ne
cherche pas les honneurs.   Mon devoir, je n'ai fait
que mon devoir, pour le salut de mes semblables et le
bonheur de l'humanité.

Papa n'avait pas ouvert la bouche.   Il regardait le
manège des ingénieurs et des ouvriers, sur les voies.
Il y avait, dans tout cela, plus que du vraisemblable et
presque de l'évidence.   Wasselin parti, pendant que
nous achevions le repas, père dit, le regard accommodé
sur l'avenir, c'est-à-dire à l'infini :

— Il faudra s'occuper quand même de chercher un
autre appartement. Dans le quartier, autant que
possible. Je ne pourrai guère moi-même : je suis,
en ce moment, surchargé de besogne.

— Raymond, moi, je chercherai. Chaque jour,
entre deux et quatre, pendant que les petits sont en
classe, je peux m'absenter quelques minutes.

Mère commença de visiter le quartier. Elle rattra-
pait le temps perdu en s'infligeant des veillées inter-
minables. Elle disait parfois :

— Boulevard Pasteur, on pourrait avoir cinq pièces en mettant deux cents francs de plus. Avec trois cents francs de plus, on aurait une chambre de bonne. Il ne s'agit pas de bonne, à coup sûr. Pas de folie ! J'en suis guérie pour longtemps. Mais ça pourrait être arrangé pour servir de chambre à Joseph qui sera bientôt un homme.

Wasselin pensait sérieusement à réunir en assemblée générale notre Amicale des locataires pour élaborer des statuts. En définitive, il se contenta de nous faire verser à tous un surcroît de provision : dix francs. En sorte que chacun des membres avait déjà versé trente francs.

Papa disait, le soir, à l'instant de se mettre au travail :

— L'expropriation est une chose avantageuse. Et puis, ça ne se discute pas. Ce n'est pas à prendre ou à laisser. On ne nous demande pas notre avis. Eh bien ! moi qui, d'ordinaire, déménage si facilement, je dois dire que ça me fait quelque chose de quitter cette maison. Je commençais à m'y attacher. Je n'en aurai que de bons souvenirs.

— Es-tu bien sûr, soufflait maman, que la somme, la fameuse somme, nous allons la toucher tout de suite ?

— Voyons, Lucie, sois logique. S'ils nous forcent à déménager, il est pour le moins naturel qu'ils nous donnent l'argent d'abord. Il y a, dans le lot, des gens très bien qui ne pourraient même pas s'offrir un fiacre pour s'en aller ailleurs.

— Quinze mille francs, disait maman. Franchement j'accepterais la moitié, pourvu qu'on me la donne tout de suite.

— Mais non, Lucie, mais non. Il ne faut pas capituler. Il faut défendre son droit, coûte que coûte, et n'en pas démordre.

— Eh bien ! coupons la poire en deux.   Je céderais
pour dix mille.

Papa haussait les épaules et retombait à son travail.

Un être que toute cette histoire avait fait sortir de
son naturel, c'était mon cher Désiré.   Il était presque
joyeux, son regard brillait d'orgueil.   " Papa, disait-
il, tu ne le connais pas bien.   Il a l'air, comme ça,
de plaisanter ; mais il est très intelligent.   S'il avait
rencontré des gens capables de le comprendre, il
serait devenu sûrement un personnage très célèbre.
Tu ne peux pas savoir, tu ne le vois jamais qu'une
minute par-ci, par-là.   Mais il parle, quand il veut...
Il y a de quoi pleurer tellement c'est beau, tellement
ça coule."

Nous arrivions au printemps.   Papa subit avec
succès le premier de ses fameux examens.   Maman
nous offrit un bon déjeuner, bien que notre situation
se trouvât des plus difficiles.   Nous mangeâmes avec
joie à cause de l'examen et parce que c'était bon.
Maman disait : " Il y a, dans le lapin, même cuit à la
bordelaise,* avec une idée d'ail, comme celui-ci, il y a
toujours une bouchée fraîche et amère.   Que celui
qui l'aura le dise."   C'était toujours moi qui tombais
sur cette bouchée, par malchance.

Les jours du printemps passèrent.   M. Wasselin
parlait encore de l'expropriation, mais avec moins
d'ardeur.   Il s'arrêtait dans l'escalier quand il rencontrait un locataire et grondait, l'œil révulsé :

— Ces gens-là sont des flibustiers.   Mais, ça ne
fait rien, ça ne fait rien.   Nous tenons le bon bout.
Notre avocat travaille.   Je le vois presque tous les
jours.

Désiré retombait à la mélancolie.   Si nous venions à
parler de l'expropriation, son visage se contractait
avec une expression douloureuse.   Les membres de

6

l'Amicale commençaient, jour à jour, d'oublier cette fable dorée. Nous en discutions, nous-mêmes, de plus en plus rarement. Un jour, en poussant des soupirs, papa dit :

— ...C'est comme cette histoire d'expropriation.

— Oui, murmura maman, qu'est-ce que ça devient ?

Nous en avions vécu, nous en avions rêvé pendant toute une saison et nous en parlions maintenant comme d'une vieille lune.

Des semaines passèrent encore. Le thème de l'expropriation revenait, de loin en loin, dans les propos de la famille ; mais il s'éloignait, il se mourait. On disait : " C'était au moment de cette fameuse expropriation... " Parfois, quelqu'un ajoutait : " Qu'est-ce que peut bien être devenu l'avocat choisi par Wasselin ? " — " Oh ! il aura mangé la provision. Avec les gens de loi, l'argent va toujours vite."

Avant de mourir tout à fait, cette histoire eut encore une convulsion bien étrange. Un jour, vers la fin du printemps, comme nous somnolions, côte à côte, au bout de notre balcon, Désiré Wasselin et moi, je le vis soudain tirer de sa poche quelque chose de très petit qu'il tenait dans son poing fermé. Et soudain, la voix tremblante d'émotion :

— Tiens, Laurent, tiens, dit-il, tu donneras ça, ce soir, à tes parents.

Il ouvrit la main toute grande. C'était une petite pièce d'or, une petite pièce de dix francs. Puis il ajouta plus bas :

— Il reste encore vingt francs. Je tâcherai de les avoir. Mais, surtout, surtout, qu'on n'en dise rien à papa, et même rien à maman. Je m'arrangerai tout seul. Rappelle-toi qu'il ne reste plus que vingt francs.

CHAPITRE XIV

NOUVELLES CONSIDÉRATIONS SUR LES LENTILLES.
CORRESPONDANCE AVEC LA CHAMBRE DES NOTAIRES.
PROJET DE VOYAGE EN AMÉRIQUE. PAUL GLASER-
MANN OU LA TENTATION. CALCUL ÉLÉMENTAIRE.
M. LAVERSIN, M. BOTTONE ET MLLE VERMENOUX OU
    VERMENOUZE. DÉCLARATIONS D'INDÉPENDANCE.

La période qui vient maintenant est triste, confuse,
mal éclairée. Je voudrais la laisser sombrer corps et
biens dans les ténèbres. Si j'en dis quelque chose ici,
c'est peut-être parce que les mots ont le terrible pouvoir d'empoisonner les souvenirs et de les tuer à la
longue.

Pendant plus de trois mois, le notaire du Havre
avait cessé d'occuper le premier plan dans les rêveries
familiales. Quand l'expropriation ne fut plus qu'une
fumée, le notaire du Havre reparut en scène. C'était
vraiment le plus silencieux des notaires. Je ne l'ai
jamais vu, je ne sais même plus son nom, mais s'il
m'arrive d'y penser, je l'imagine comme un monstre
sans bouche et sans oreilles. La propre statue de
l'indifférence effrontée.

Maman recommença d'écrire, et plusieurs fois par
semaine, des lettres tantôt suppliantes, quand elle les
rédigeait seule, et tantôt débordantes de rage quand
mon père les avait dictées. Toutes ces lettres tom-
baient dans un puits sans fond et sans échos. Parfois,
si mon père jugeait une épître particulièrement con-
vaincante et de bonne dialectique, il l'envoyait recom-
mandée. Je pense encore qu'avec l'argent des timbres

que nous avons achetés pour cette malheureuse affaire,
nous aurions pu vivre aisément deux mois en man-
geant de la viande chaque jour. Cette remarque
dernière pourrait en entraîner d'autres. Je fus, dès
ce temps, bien sûr que le régime végétarien, même
s'il n'est pas réjouissant, même s'il fait perdre à
l'homme son fier coup de mâchoire carnassier, n'est
quand même pas incompatible avec une existence
laborieuse. Et, franchissant, du coup, l'abîme qui
sépare, au regard du philosophe, le physiologique du
psychologique, je dirai que l'excès, s'il conduit parfois
à l'écœurement, mène aussi souvent à l'amour.
J'aurais quelque raison d'être dégoûté des lentilles.
Et pourtant non ! Je souhaite souvent d'en manger.
Qu'on oublie de m'en servir et j'en demande, j'en
réclame. Je répète, après mon père : " C'est du
phosphore en pastilles." Elles restent, pour moi, la
nourriture par excellence. Je les savoure avec
recueillement, avec piété, avec aussi je ne sais quelle
salubre mélancolie.

Laissons là ces méditations gastronomiques. Un
jour, dans le courrier... Non ! Que j'abandonne à
mon frère Joseph ces expressions pompeuses : nous
ne recevions, comme les pauvres gens, qu'une lettre
par-ci, par-là, pourquoi donc parler de " courrier " ?
La moindre lettre était tout de suite bien visible, bien
évidente. Un jour, nous reçûmes une lettre portant
la mention imprimée : *Chambre des notaires*. Elle
était adressée à ma mère qui la saisit d'une main tremblante. " Mon Dieu ! Qu'allons-nous apprendre ?
Quelle chose épouvantable ? Vous allez voir que cet
homme du Havre a pris la fuite, emportant tout, notre
argent, nos titres et quoi donc encore, mon Dieu ! "

Ma mère ouvrit la lettre et la lut elle-même dix fois,
car papa n'était pas là. Nous l'entourions, nous, les

enfants, déchiffrant aussi le grimoire.   Maman finit
par comprendre que papa, sans lui rien dire, avait
écrit, sous la signature de Lucie Delahaie-Pasquier, à
la Chambre des notaires, pour se plaindre du Havrais,*
pour dénoncer ses lenteurs, sa mauvaise volonté,
son inexplicable silence.   Et cet exploit paternel datait
au moins d'un mois, si l'on interprétait bien les textes :
" *En réponse à votre honorée du...* "   La Chambre des
notaires, en tous cas, répondait.   Une réponse vague,
dilatoire, à peine polie, justifiant d'un mot tous les
officiers ministériels présents et futurs, recommandant,
pour finir, le calme et la patience.

Maman redoublait d'inquiétude : elle était fort pru-
dente et même circonspecte quand il ne s'agissait pas
directement de sa nichée, car, alors, le mot de lionne
serait faible.   Maman, donc, réfléchissait et nous
livrait, à demi-mot, une part de ses angoisses.   " Si
l'homme du Havre apprend ça, c'est fini.   Nous
sommes perdus.   Nous en avons pour dix ans."

Le soir, quand papa revint, maman lui présenta la
lettre.

— Eh bien ? fit papa, la moustache en mouvement.

— Raymond, n'avons-nous pas eu tort ?

Puisqu'il s'agissait d'avoir tort, maman, qui n'était
pour rien dans cette démarche extravagante, y prenait
tout de suite une part.

Notre père manifesta les signes prémonitoires d'une
belle colère-solo.

— Je fais ce que je crois devoir faire pour en finir
une bonne fois.   L'argent du Havre, je m'en moque.
Ce que je ne peux supporter, c'est l'apathie de cet
imbécile.   Je parle du notaire.   Puisque la Chambre
des notaires, elle-même, prend fait et cause pour cette
canaille, je sais ce qu'il me reste à faire.   Je finirai par
y aller.

— Où donc ?   Au Havre ?

— Non, dit mon père, olympien.   Pas au Havre.
En Amérique.   Quand je serai là-bas, je me rensei-
gnerai moi-même.

Minute d'effroi.   Je crus que ma mère allait se jeter
à genoux pour détourner papa d'un projet en même
temps si fol et si grandiose.   Elle commença de
pleurer.   Pendant qu'elle pleurait, papa se reprenait
à sourire.   Quelques minutes après, il avait oublié
l'Amérique et même retrouvé ce calme recommandé
si vivement par la Chambre des notaires.

Nous fûmes, cet été-là, soumis à la plus dangereuse
des tentations.   Je dis nous… oh ! je n'étais alors
qu'un frêle petit garçon ; mais je ressentais nos
épreuves avec une passion toute fraîche et les misères
de mon clan me labouraient jusqu'au fond de l'âme.

Maman reçut un jour une lettre que j'ai retrouvée
dans les papiers de la famille.   C'est miracle que cette
lettre ait résisté pendant plus de quarante ans aux
caprices de notre vie aventureuse.   Puisqu'elle est là,
sous mes yeux, j'irai donc au plus simple et me
contenterai de la recopier.

PAUL GLASERMANN
Agent d'affaires.
Avance de fonds.   Prêts sur gages.
Enquêtes particulières.   Transactions.
*Démarches secrètes.   Argent de suite.**

Madame,

Nous avons appris, par notre service de renseignements,
qu'un héritage dont vous êtes bénéficiaire est actuellement
l'objet, en France et en Amérique, de recherches litigieuses,
recherches qui ne semblent malheureusement pas sur le point
d'aboutir et qui peuvent demander encore de longues années

avant que vous soit donnée satisfaction. Après examen des dossiers remis à notre cabinet par notre service spécial, nous sommes en mesure de vous présenter la proposition suivante, proposition que vous ne manquerez pas de juger très avantageuse. Nous pouvons nous charger d'accomplir en votre nom et place toutes les démarches nécessaires à la solution prompte et si possible définitive de cette affaire. Ces démarches comportant de grands frais et de grands risques, vous vous engageriez, par écrit, selon toutes les formes légales, à nous abandonner soixante pour cent des sommes à recevoir. Le quart du reste vous serait versé à la signature de notre accord, signature qui pourrait avoir lieu sous dix jours, à compter de votre acceptation verbale.

Nous espérons, Madame, que vous apprécierez comme il convient notre proposition et que vous voudrez bien prendre en considération les risques auxquels notre cabinet s'expose dans votre intérêt.

Veuillez agréer, Madame...

Papa relut deux fois la lettre, mot à mot. Il disait, avec un sourire vert : " Les fripouilles, les fripouilles ! Nous vivons environnés de fripouilles. C'est extraordinaire ! "

Ce mouvement d'humeur passé, papa leva les sourcils. Son visage s'éclairait.

— En somme, fit-il, ce serait dix mille francs tout de suite. Il ne faut pas se dépêcher de dire non. Cette affaire du Havre, je commence à n'y plus croire. Dix mille francs que l'on tiendrait, ça vaudrait mieux, Lucie, que ces quarante mille francs dont nous ne toucherons peut-être jamais le premier liard.

— Attends, Ram, dit maman, le visage sérieux. Il me semble que tu te trompes. Ils disent le quart...

— Oui. Le quart de quarante mille francs, ça fait dix mille. Je sais encore compter.

— Non, Ram, tu dois te tromper. Ils disent " le

quart du reste." Soixante pour cent de quarante
mille, ça fait... Laisse-moi réfléchir. Ça fait vingt-
quatre mille. Il reste donc seize mille. Et le quart
de seize mille, ça ne fait que quatre mille. Voilà,
Raymond. Voilà tout. Quatre mille tout de suite
et douze mille plus tard. C'est une escroquerie, tu
vois bien.

Papa calculait très mal et très lentement. Il se fit
répéter dix fois ce compte pourtant si simple. Il finit
même par le noter sur les marges de la lettre, comme
je peux le voir encore. Et, chose poignante à dire,
il eut encore une minute d'hésitation. Oh ! il n'était
pas avide, mais seulement fatigué, bien qu'il ne l'avouât
jamais, oui, ce jour-là, fatigué. Quatre mille francs
toute de suite... Et puis il se ressaisit, et ce fut pour
éclater.

— Des voleurs de grands chemins ! Des détrous-
seurs ! Des bandits ! Et je vais le leur écrire. Tout
de suite, Lucie, tout de suite !

— A quoi bon leur écrire ? Il suffit de ne pas
répondre.

— Si, dit papa, je vais écrire. Et il ajouta, plus
bas : " Comme ça, je ne serai pas tenté d'y aller voir,
quoi qu'il arrive. Mieux vaut couper les ponts."

Il écrivit. Il renonçait mal à ce genre d'allégement.
Je dois dire que, dans l'année qui suivit, nous reçûmes
trois ou quatre propositions de même espèce. Maman
disait :

— Tu vois bien, Raymond, tu vois bien : du moment qu'ils veulent tous s'occuper de notre affaire,
c'est au fond qu'elle est très bonne. Patientons !
Patientons !

Nous patientions, forcément. Et les jours passaient.
Car quoi qu'il arrive, et même quoi qu'il n'arrive pas,
les jours passent, et les semaines et les mois. Et

chaque soir, on se demande comment on pourra résoudre le problème effrayant qu'est la journée du lendemain. Et la journée du lendemain finit par être vécue.

Maman dit, un matin, en servant le café :

— Raymond, j'ai une idée.

Papa secouait la tête.

— Une excellente idée, Raymond. Nous allons prendre un pensionnaire.

Papa fronçait le sourcil.

— Où veux-tu le mettre ?

— Pardonne-moi, dit maman. Nous n'avons qu'une pièce possible : c'est le cabinet de travail. Tu t'installeras dans la chambre. Je sais que tu n'y seras pas à l'aise, mon pauvre Raymond. Mais tu travailles bien partout, quand l'envie t'en tient. Et tu n'imagines pas comme ça m'arrangerait, Raymond. J'ai fait mes comptes, tu peux me croire.

— Un pensionnaire ! Quel pensionnaire ?

Et papa frappait du pied.

— S'il faut tout te dire, Raymond, je l'ai, mon pensionnaire. C'est un monsieur Laversin, que connaît Mme Tesson.

— Fais pour le mieux, Lucie.

Maman fit pour le mieux. Elle poussa le piano jusque dans la salle à manger, casa la table et les livres de papa dans la chambre qu'on appelait orgueilleusement la grande chambre, qui logeait déjà deux lits et qui n'était, faut-il le dire, qu'une très modeste petite chambre. Elle commanda, chez le serrurier, une clef supplémentaire pour la porte du palier. Ce n'étaient pas de grands frais ; c'étaient quand même des frais. "On n'obtient rien, disait maman, sans une petite mise de fonds. N'importe ! ça marchera très bien. Ce Monsieur Laversin est le pensionnaire modèle :

il travaille toute la nuit, dans l'imprimerie d'un journal. Et c'est, dit Mme Tesson, un homme si bien élevé ! "

M. Laversin vint, un jour, avec une petite valise. L'accueil de papa fut correct et glacé. M. Laversin portait les cheveux ras et une barbiche grisonnante. Il avait le teint blême des gens qui dorment le jour. Il était un peu bedonnant, triste d'allure, mais " convenable " ainsi que l'avait annoncé Mme Tesson. Il ne prenait avec nous que le repas du soir, avant de partir au travail. Il dormait le reste du temps et déjeunait entre deux sommes, en sorte que maman n'eut plus un instant de repos. M. Laversin n'était pas d'une exigence excessive. Quand il avait besoin de quelque chose, il frappait du poing la cloison. Maman se levait tout de suite, l'air soumis et l'air inquiet. Elle disait : " Je ne veux pas le faire attendre. Il mène une vie très fatigante ; il a bien besoin de soins. Un vieux garçon, c'est tout de suite pitoyable."

Nous avions gardé l'habitude, comme avant, comme toujours, de jouer dans la salle à manger. M. Laversin, un jour, donna du poing dans la muraille. " Calmez donc les enfants, Madame. Vous comprenez que je ne peux pas dormir." Nous fîmes de grands efforts pour parler bas, pour ne plus rire. Quand nous déplacions une chaise, nous nous regardions les uns les autres, effrayés, en nous querellant à voix sourde.

Un jour par semaine, M. Laversin était de repos. Il restait alors dans sa chambre et fumait la pipe. L'odeur du tabac se répandait dans tout l'appartement et nous étions, sans le dire, tristes comme les habitants d'une ville occupée par l'ennemi.

Au bout de quelques semaines, M. Laversin nous quitta. Mme Tesson ne tarda pas à lui trouver un

successeur.   C'était un Italien nommé M. Bottone.
" Je me défie toujours des étrangers, expliquait Mme
Tesson ; mais, celui-là, je le garantis."

M. Bottone a laissé peu de traces dans notre
mémorial.   Il se conduisait en tout avec beaucoup de
politesse.   Nous n'aurions pas su dire quelle était sa
profession.   Il recevait, chaque soir, la visite de plusieurs de ses compatriotes et ils s'entretenaient dans
leur langue, sachant que nous ne l'entendions point,
avec beaucoup de vivacité.   Il ne nous resta que trois
semaines et partit, fort civilement.   Le lendemain
même de son départ, nous entendîmes, vers midi,
heurter vigoureusement à la porte.   C'était un monsieur bien vêtu, escorté de deux sergents de ville.   Il
apprit avec une contrariété visible que M. Bottone
n'habitait plus sous notre toit.   " Vous devriez, dit-il,
y regarder à deux fois, avant de louer votre chambre à
des anarchistes.   Nous allons quand même visiter la
chambre."

Nous étions terrorisés et maman tremblait du menton comme son grand-père Guillaume, le jour du
Maréchal Ney.   Au moment de se retirer, le visiteur
dit encore : " Vous prenez des pensionnaires ?   Avez-
vous fait seulement une déclaration en règle ?   Vous
aurez de mes nouvelles."

— Tu vois, dit maman le soir, tout se dresse contre
nous.   Voilà qu'on veut nous empêcher de prendre
des pensionnaires.

Papa fermait un œil, à moitié.

— Je n'ai jamais été, Lucie, très partisan du système
des pensionnaires ; mais, puisqu'on prétend nous
empêcher d'en avoir, alors, je change d'avis.   Je veux
des pensionnaires. Tu m'entends bien, Lucie, j'en veux !

— Ne t'emporte pas, Raymond.   Je vais en chercher un autre.

Les gens de la police nous oublièrent, par bonheur, et maman put dire, un soir :

— Raymond, cette fois, j'ai trouvé. Oh ! l'occasion unique. Une vieille dame ou, plutôt, une vieille demoiselle, une ancienne directrice d'école. Une personne tout à fait bien. Avec une personne âgée, nous n'aurons pas de surprise.

Je crois bien me rappeler que cette perle des pensionnaires s'appelait Mlle Vermenoux ou Vermenouze et qu'elle était auvergnate. Elle passa chez nous plus d'un mois et montra, dès le début, de surprenantes exigences alimentaires. Elle divisait les nourritures en deux catégories : celle des échauffantes et celle des rafraîchissantes. Elle combinait les unes et les autres selon des proportions rigoureusement établies. Elle reprenait ma mère sur un grain de sel, une goutte de vinaigre, un atome de saindoux, un soupçon de farine. Ma mère souffrait en silence et supportait avec résignation les conférences diététiques de cette personne impossible. Mlle Vermenouze avait en outre la passion de beau parler, ce qui la conduisit, un jour, à corriger mon père en notre présence à tous : "Mais non, monsieur, mais non ! Le verbe aimer, suivi d'un infinitif, demande la préposition." Mon père se mit à sourire, de ce sourire féroce qui nous jetait dans l'épouvante. "Avec ou sans préposition, c'est un verbe, mademoiselle, que vous n'auriez pas été fâchée de conjuguer au moins une fois, si l'on vous y avait aidée." O terrible papa ! Comme il tapait cruellement quand il était agacé !

Mlle Vermenouze se redressa de toute sa taille en glapissant des injures. Elle nous quitta dès le lendemain.

— C'est fini, gémissait maman. Je n'en veux plus, je n'en peux plus. Pardonnez-moi, mes enfants. Je

le faisais pour votre bien.   Mais c'est au-dessus de
mes forces.   Nous ne sommes pas des gens à nous
mêler avec les autres.

Nous avions tous le sentiment que ces étrangers
violaient, par leur présence, notre asile, notre lieu
sacré, le sanctuaire secret de notre vie, de nos joies et
de notre misère.   Tant pis !   Tant pis !   Nous accep-
tions tous de manger moins bien, de marcher avec
des chaussures percées, d'avoir moins chaud, de voir
moins clair, d'user jusqu'à la corde nos vêtements cent
fois reprisés, à la condition d'être seuls, entre nous,
du même clan, malheureux, dépourvus, mais purs,
mais francs de toute alliance avec des gens d'une autre
race.

CHAPITRE XV

Trente-six mille jours ! Voilà donc le fardeau, le trésor d'un homme qui vivrait cent ans. Les jours ! Qu'ils sont peu, les jours ! Et pourtant, quelle infinité fourmillante ! Quel désert ! Quelle solitude !

J'erre, navigateur perdu, sur les lieux d'un ancien naufrage. Des événements infimes flottent, comme des épaves, flottent de loin en loin.

Ferdinand et Désiré ont fait leur première communion. On a, pour cette solennité, trouvé l'argent nécessaire : père a vu M. Cleiss et demandé, non sans répugnance, un acompte. On a dressé le couvert dans l'appartement vide, avec la complicité de Mme Tesson. On a vu la vilaine tête de Mme Troussereau et quelques autres personnages extraits du monde Pasquier. Il paraît que, pour ces fastes, l'usage est d'inviter, même quand on est très pauvre, toutes sortes de gens que l'on n'aime pas ou que l'on connaît à peine. Ferdinand a reçu, en présents, de tel ou telle, cinq pièces de cent sous qu'il a données à maman, le soir, les dîneurs partis. Maman a pleuré, une seconde, et a dit : " Je te remercie. Je te les rendrai plus tard... " Elle n'a pas ajouté : " ...quand le notaire du Havre... " Oh ! nous y pensons toujours, mais nous en parlons beaucoup moins. Nous y mettons de la pudeur.

Mon cher Désiré Wasselin a fait une communion exemplaire. Tout le monde, à commencer par son papa, l'a trouvé laid, mal habillé, ridicule. On admet qu'il soit pieux, mais quand même pas à ce point-là. Il m'a paru très beau, très noble. Je lui ai dit, le soir, après la confirmation : "Alors, c'est décidé, tu seras prêtre ?" Il m'a répondu, l'œil noir * : "Non, ce n'est pas décidé. Je ne peux rien dire encore."

Un autre événement surnage, presque de la même saison. Ferdinand a manqué le certificat d'études. Je le revois : il est assis sur une chaise. Il a l'air d'un animal qui a reçu le coup de maillet.* Il avait si bien travaillé ! Il n'a pas manqué de courage, mais plutôt de chance et de facilité. Papa le regarde avec un sourire terrible. Ferdinand soupire : "Je recommencerai." Et c'est vrai qu'il ne craint pas de recommencer. Papa hausse les épaules. Vraiment, quelle dérision ! Vraiment, ça s'annonce très mal : Joseph est "dans le commerce" et Ferdinand est un fruit sec.* Les autres sont encore trop petits. C'est lui donc, lui seul, lui, l'homme déjà mûr — il ne dit plus jamais son âge — qui va tenter, contre tout bon sens, la douloureuse, la déconcertante fortune des études. Il faut vraiment qu'on ne sait quel démon vous pique un homme dans le dos ! Tant pis, papa sera seul.

Ferdinand ne peut plus se retenir de pleurer. Nous sommes tous abattus. Quelle humiliation ! Quelle amertume ! Eh bien ! non ! maman n'est pas humiliée, et non plus amère. Elle a tout à coup pris dans ses bras le triste enfant vaincu qui pleurait seul sur sa chaise, qui pleurait de ses gros yeux myopes. Elle l'a saisi dans ses bras comme s'il était encore un très petit bébé. Elle le berce et le console. Elle énumère et célèbre les très réelles vertus de l'enfant malheureux.

La voici déchaînée pour jusqu'à la fin des jours,

cette passion maternelle, cette passion de justice injuste. Il ne sera pas dit, ô mère, qu'un des enfants de ta chair sera plus malheureux que les autres. On prétend qu'il est mal doué ? Raison de plus, alors, pour le chérir, pour le choyer, pour chanter sa louange, pour le défendre contre tout et contre tous. D'ailleurs il n'est pas mal doué, pas moins intelligent que les autres : il est seulement moins heureux dans ses entreprises, moins favorisé du hasard. Il faut bien qu'il ait, quelque part, ne serait-ce que dans un cœur, la place la plus chaude, la plus douillette, la plus haute.

Les années peuvent venir, et même le siècle nouveau tout chargé de destinées. On dit que Joseph est riche, que la petite Cécile est devenue une artiste incomparable, que la nouvelle, la Suzanne, est d'une beauté radieuse, que Laurent connaît la gloire. Tout cela, c'est très beau, et c'est peut-être même vrai ; mais le cœur maternel, jusqu'à la dernière minute, ne battra que pour la justice, que pour l'équilibre vengeur. Il y aura du moins quelqu'un pour exalter les mérites de Ferdinand, pour citer ses mots, publier son goût, louer ses ouvrages.

C'est ainsi. C'est bien ainsi. Qui donc oserait s'en plaindre ? L'homme juste doit reconnaître qu'on ne peut tout avoir. Et pourtant, à certaines heures, il comprend que l'on peut être jaloux de tout, même de certaine pitié.

Je rêve et je m'égare au milieu des saisons. Vint un nouvel hiver. Il y eut des mois d'allégresse inexplicable, pendant lesquels, sans même savoir pourquoi, nous étions sûrs que les choses allaient miraculeusement se délier. Il y eut des mois maudits pendant lesquels, comble de disgrâce et de fatigue, nous finissions par ne même plus penser au notaire du Havre. Nous vivions comme les bêtes qui marchent en

regardant leurs pattes dans la poussière. Un soir,
j'entendis papa dire, pour la première fois, cette petite
phrase terrible :

— Lucie, je peux renoncer.

Il avait posé non les coudes, mais les deux bras à
plat, sur la table. Lui, si fier, si vaillant, si bien mordu
d'orgueil, il courbait le dos, il laissait aller sa tête en
avant. Il avait veillé trop de nuits. La confiance,
tout à coup, s'en allait, comme le sang par une blessure
intérieure. Il reprit, la voix plus sourde :

— Je peux abandonner... C'est même le moment,
Cleiss m'a parlé d'un travail... Une compilation
énorme. Il y en aurait pour quatre ans. Si j'abandonne mes examens, c'est tout de suite l'aisance. Oh !
je sais, ce ne serait pas déshonorant, ce serait seulement... inconcevable, après tout ce que j'ai fait.

Maman étendit les bras et saisit, au ras de la table,
les mains de son mari. Elle les secouait, en riant :

— Abandonner ! Mais, Raymond, c'est une idée
du soir. Comme il faut que tu sois fatigué ! Demain,
tu n'y penseras plus.

Père se redressait déjà.

— Fatigué ? Non, non, je ne suis jamais fatigué.
Si j'ai pu envisager la chose, c'est pour te soulager,
Lucie.

Maman se reprit à rire.

— Raymond, comme tu es bon ! Mais, moi, je ne
compte pas. Ne t'inquiète pas de moi. Je suis, par
bonheur, bien portante.

A quelques jours de là, maman revint d'une course
en ville avec un énorme ballot qu'elle ouvrit, le soir,
sur la table. C'étaient des pantalons d'homme, tout
coupés ; il ne restait qu'à les coudre. Maman se mit
au travail et veilla, par la suite, une grande partie des
nuits. Elle avait trouvé cet ouvrage dans une maison

de confection qui tirait bon profit des ouvrières à
domicile.   Maman disait : " Ce n'est pas très bien
payé ; mais ça nous aidera beaucoup.   Nous pourrons
joindre les deux bouts.   Tu comprends, Raymond,
toi dans ton cabinet, moi dans la salle à manger.
Comme ça, la nuit est moins longue."

Je lui disais parfois :

— Comme tu couds, maman !   Comme tu couds
bien !

Elle répondait :

— C'est ma vie.

Elle aspirait un peu de salive entre ses dents et
trouvait le temps de sourire.   Il arrivait qu'elle
ajoutât :

— Si seulement j'avais une fille en âge de m'aider.
On travaillerait ensemble et ce serait quand même
plus gai.   Mais rien que la petite Cécile et, tout le
reste, des hommes.

Les choses allaient leur train.   Certains voisins se
plaignaient à cause de la machine à coudre qui les
empêchait de dormir.   Ils finirent par s'y habituer.

Une nuit, je fus réveillé par je ne sais quel cauche-
mar.   Je ne pouvais plus me rendormir.   Papa,
couché déjà, somnolait à mon côté.   Je voyais, de
loin, sur le parquet, un filet de lumière venu de la salle
à manger ; mais je n'entendais aucun bruit.   Ce silence
mortel finit par m'effrayer si bien que je me levai sur
la pointe de mes pieds nus et marchai vers la clarté.

Maman dormait, assise devant la table, la tête dans
son bras reployé.   Elle devait être enrhumée, car un
fil brillant et limpide descendait de son nez jusque
sur son ouvrage.   Elle était pâle et respirait mal par
sa bouche entr'ouverte.   Comme je lui touchais le
bras, elle s'éveilla, m'aperçut et se mit à pleurer.   Elle
m'avait pris sur ses genoux et me serrait contre elle

pour que je n'eusse pas froid, en chemise ainsi, pieds
nus.   Elle pleurait tout bas, tout bas, et disait des
choses sans suite : " Dieu sait que je n'ai pas souhaité
la mort de mes pauvres sœurs.   Si je l'avais souhaitée,
je comprendrais que le ciel me punisse.   Mais, puisqu'elles sont mortes, hélas !   Qu'on me donne mon
dû, Seigneur ! et que ce soit fini.   Va te coucher,
Laurent.   Tu seras fatigué, demain, pour aller à ton
école.   L'instruction, c'est beau, Laurent, surtout
quand on la prend jeune.   Mais, comme nous, comme
nous, je veux dire comme ton père, c'est vraiment
trop cher payer.   Tes pieds sont froids, Laurent.
Laisse-les encore une minute dans le creux de ma
main."

CHAPITRE XVI

MALADIE DE MAMAN. MYSTÉRIEUSE APPARITION DU
VIEILLARD. WASSELIN-LE-MAUVAIS-ANGE. LE HASARD
ET LA CHANCE. DU CHOIX D'UN PRÊTEUR. LE VOYAGE
DU HAVRE. INTERVENTION DES COURTOIS.
SIGNATURE D'UN TRAITÉ.

Vers la fin de cet hiver-là, maman tomba malade.
Ce fut dramatique et bref. Cela commença de nuit.
Papa disait à mon oreille : " Réveille-toi, tout de suite,
mon garçon, et va te coucher dans le lit de tes grands
frères." J'ouvris péniblement les yeux. Maman
s'efforçait de sourire : " N'aie pas peur, Laurent. Je
ne suis pas à mon aise et c'est tout." Réfugié dans
la chambre de mes frères, j'entendis, jusqu'au matin,
papa qui remuait des brocs, cherchait du linge dans
l'armoire et faisait chauffer de l'eau, sur le gaz, dans la
cuisine.

Quand vint le jour, la misérable lumière de février,
maman s'habilla non sans effort. Elle murmurait :

— Ce n'est pas ma faute, Raymond ; mais la tête me
tourne.

Elle descendit l'escalier au bras de notre père et
partit dans un fiacre. Elle resta huit jours à l'hôpital,
huit jours pendant lesquels Mlle Bailleul vint nous
faire la cuisine et même laver le petit linge. Nous
avons, par la suite des temps, perdu Mlle Bailleul dans
la brousse parisienne.* Elle doit être bien vieille, si
tant est qu'elle vive encore. Elle ne doit plus songer
à nous. Je la salue, elle ou son ombre. C'était vrai-

ment une bonne et sainte fille. Elle savait relever
ses manches, manier un balai, retrousser les longues
robes que l'on portait en ce temps-là. Elle avait, de
la charité, un sentiment rustique et populaire que je
trouve bien respectable.

Papa, pendant huit jours, prit tous les repas avec
nous. Il avait l'air soucieux, mais s'efforçait de faire
bonne contenance et même de sourire encore. Un
jour, il se leva de table soudainement, et pendant quelques minutes, alla s'enfermer dans sa chambre.
Quand il revint, il me parut changé : le menton plus
court, la bouche plus creuse. Il s'efforçait de manger
encore, mais il ne répondait pas à nos questions.
Quand il dit enfin quelques mots, je fus frappé
d'horreur. Ce n'était plus sa voix, c'était une voix de
vieillard, zézayante et presque infirme. Il me parut
soudain que le monde allait s'écrouler. J'attendais
une catastrophe. Je me sentis incapable d'avaler
une bouchée de plus.

Le repas fini, Joseph nous prit à part :

— Ça vous fait de l'effet, dit-il, de l'entendre parler
comme ça. Moi, je sais très bien ce que c'est : il a
cassé son râtelier, vous comprenez ? ses fausses dents.

— Mais, fis-je, les larmes aux yeux, c'est impossible,
impossible ! Papa n'a pas de fausses dents.

Joseph haussa les épaules.

— Si tu regardais seulement, au lieu de rêvasser, tu
verrais papa, tous les soirs, laver son râtelier, dans la
cuvette, avec cette petite brosse qu'il y a toujours,
dans un verre.

Je ne répondis rien. J'étais désespéré. J'avais
toujours trouvé mon père si beau, si jeune ! Je venais
d'entrevoir le vieillard qu'il serait un jour et qu'il
tâchait de nous cacher.

Deux jours durant, père fut ce triste vieillard. Le

troisième jour, il revint et parla comme d'habitude, en souriant sous ses longues moustaches.   Mais j'avais perdu confiance.

Le lendemain, maman revint aussi, toute seule, un paquet de linge sous le bras.   Elle était extrêmement pâle et faillit s'évanouir en arrivant à la maison.

— Lucie, dit papa, tu vas me faire le plaisir de travailler le moins possible.   Nous t'aiderons tous un peu.   Quant à la couture du soir, c'est fini.   N'en parlons plus.

Maman lançait autour d'elle un regard de détresse.

— Tu imagines, reprit papa, que j'ai cherché, tous ces jours-ci, une solution raisonnable.   J'étudie un projet.   Nous en reparlerons quand tu seras reposée. Ce n'est pas à huit jours près.*

Je pense qu'environ ce temps mon père, le fier, le dédaigneux, fut tourmenté par Wasselin-le-mauvais-ange.   Wasselin, chassé de partout, s'était mis à jouer aux courses, non plus de manière accidentelle, mais avec une persévérance, une assiduité surprenantes chez cet homme " libre et volatil."   Il allait presque chaque jour en banlieue, dressait des listes, pointait des noms,* se livrait à des calculs prodigieusement compliqués, consultait des ouvrages, appliquait avec rigueur des méthodes savantes qui changeaient chaque semaine.   Bref il travaillait beaucoup plus qu'il ne l'avait jamais fait dans aucun emploi régulier. Saint et, s'il l'eût fallu, martyr du pari mutuel, il se livrait à des effusions apostoliques et prêchait les infidèles.   Il arrêtait mon père sur le palier et tâchait de le séduire : " Je sais, je sais, disait-il, que votre affaire d'héritage vous enrichira tout d'un coup.   Mais, en attendant, mon cher.   Songez, en attendant !   Ce n'est pas une question de chance ; je sais que vous n'aimez pas ça.   Au contraire, c'est absolument

mathématique.   Vous mettez cent sous, cent malheureux sous et vous touchez dix fois, douze fois
la mise.   Les mauvais jours, seulement sept fois, six
fois.   Bien entendu, vous pouvez mettre beaucoup
plus de cent sous."

Papa souriait, secouait la tête, résistait, en définitive.
Il a toujours résisté.   Il aimait l'aventure, non les
jeux de hasard.   Je n'ai jamais vu mon père jouer
aux cartes, par exemple, ni prendre des billets de tom-
bola.   Ses chimères volaient ailleurs.   Il était, comme
tout le monde, et même beaucoup mieux que tout le
monde, capable de se laisser duper, il l'a prouvé bien
des fois ; mais il demandait un semblant de raison
valable.   Il était encore très près de ces paysans
bandés contre les hasards du ciel, de la terre et des
éléments.   S'il avait eu de l'argent, il aurait aimé, je
pense, les valeurs dites " à lots ",* dont il nous parlait
souvent, et qui supposent une chance miraculeuse,
sans toutefois qu'on doive abandonner le sentiment
du capital.

Son projet essentiel, depuis la maladie de maman,
était de faire un emprunt.   Oh ! pas un petit emprunt !
" Quelque chose, disait-il, d'une bonne importance
moyenne, qui nous permette de voir clair."

Il courut, pendant quelques jours, le monde
hideux des prêteurs.   Il disait, en rentrant, le soir :

— C'est effroyable, Lucie !   Madame Delahaie avait
du génie, dans son genre.   Elle a pris toutes les précautions.   Imagine bien que les titres, ces fameux
titres dont nos enfants ont la nue propriété, dont, toi,
tu as l'usufruit, ces titres qu'on ne pourrait vendre
qu'après ta mort...

— ...Si seulement, soupirait mère, si seulement
j'étais morte à l'hôpital, vous les auriez vendus, ces
titres, et vous auriez de l'argent.

— Ne dis pas de sottises, Lucie. Nous n'aurions même pas pu les vendre. Tu n'as pas bien lu les paperasses. Moi non plus, je ne les avais pas bien lues. Mais les gens d'affaires, ça voit tout. On peut les vendre après ta mort, les titres, bien entendu. Mais à la condition que les enfants soient majeurs. A la condition, pour chacun des titres de douze mille cinq cents francs, que chacun des enfants possesseurs ait atteint sa majorité. Patience : je n'ai pas fini. Reste la question d'un emprunt. En général, il est toujours possible d'emprunter quelque chose sur un titre. Eh bien, même pour un emprunt, il est indispensable, avec tes fameux titres, que le nu propriétaire ait atteint la majorité, ce qui, pour l'aîné, pour Joseph, demande un peu plus de cinq ans. Avoue que c'est admirable et que je n'exagère pas quand je dis que Mme Delahaie avait une espèce de génie. Quelle race ! Quelle engeance !

Maman soupirait, rose de confusion, et papa repartait en chasse. Il revint un jour, l'air si las, si découragé que mère posa des questions.

— Qu'est-ce que tu as, Raymond ?

— Rien de plus que les autres jours. J'ai cherché. Je n'ai pas trouvé.

— Qui donc as-tu vu, aujourd'hui ?

— Personne qui t'intéresse.

Faite de méchante humeur, cette réponse n'était pas franche. Maman réfléchit un instant et demanda, la voix douce :

— Par hasard, tu n'aurais pas rencontré Mme Troussereau ?

Alors, père avoua tout, comme un enfant pris en faute, sur le fait.

— Oui, j'ai vu ma sœur Anna.

— Tu n'as pas parlé d'emprunt ?

— Si, j'ai parlé d'emprunt. A qui veux-tu que je m'adresse ? Je ne connais personne, personne. Une sœur, ce serait naturel. Depuis son dernier veuvage, elle vit bien à son aise.

— Oh ! Ram ! Il ne fallait pas. Plutôt mourir de faim, Raymond ! Même les enfants, oui, même les enfants ! Demander à Mme Troussereau ! Quelle honte ! Quelle honte !

Maman sanglotait à sec, avec rage, avec désespoir.

— Ce qu'elle a pu te répondre ! Tu n'as pas besoin de le dire. Je le devine assez bien. Comment veux-tu, maintenant, que j'ose la regarder en face ?

Papa, saoul de rancœur, ne répondit pas un mot.

Quatre ou cinq jours passèrent, et je crois bien que papa commençait de lâcher pied quand maman lui dit, un soir :

— Écoute, Raymond, j'ai trouvé.

— Qu'est-ce que tu as trouvé ?

— Une personne, pour l'emprunt.

Père fit un geste vague.

— On va nous prêter dix louis. Je vois la chose d'ici.

— Non, dit mère, posément. J'ai trouvé le prêteur. Et nous aurons dix mille francs.

— Qui ? fit père, incrédule.

— Notre voisin, M. Courtois.

Papa secouait la tête.

— Ma pauvre Lucie, tu rêves. Ces gens-là sont terriblement près de leurs sous.* Dix mille francs ! Une vraie fortune ! Tu n'as pas regardé Courtois.

— Je te demande pardon, répliqua mère avec beaucoup de calme. Ce n'est pas une affaire en l'air. J'en ai parlé depuis deux jours. C'est même une affaire entendue. Il manque seulement un papier que je vais aller chercher, dès demain, moi-même, au Havre, chez le notaire, et qu'il ne peut me refuser : un extrait du testament concernant l'argent de Lima. Une copie ! Je ne reviendrai que le papier dans les mains et je te donne ma parole que, moins d'une semaine après, nous aurons l'argent.

— Ce serait trop beau, dit mon père. Allons, explique-moi tout en reprenant au commencement.

Et notre mère expliqua tout : les conversations préparatoires, la grande réserve des Courtois, les arguments, la discussion, les mille points soulevés par la dame, par le frère, par les Fées, par toute la bande, finalement les conditions, l'intérêt, le remboursement futur. Oh ! comme elle était habile avec son air ingénu ! Papa disait : " Sais-tu, Lucie, que tu ferais une étonnante femme d'affaires ? "

Et toutes les choses se passèrent comme maman les avait arrangées. J'étais, lors de cet événement, bien jeune, mais point inattentif. On en a parlé, dans la suite, autour de moi, pendant trente ans, en sorte que ma mémoire, avivée constamment, oui, je dis bien, remise à vif, saigne encore pour peu qu'on la touche.

Maman fit le voyage du Havre. Il fallut, pour parer à cette dépense immédiate, engager encore quelque chose, et ce fut la bibliothèque. Je parle du meuble, bien sûr. Pour les livres, nous nous serions fait tuer plutôt que de nous en dessaisir. On les empila dans un coin, le dictionnaire de Littré bien accessible, sur le tas, car on l'ouvrait à chaque instant, comme d'autres ouvrent la Bible.

Ce petit voyage prit deux jours, deux jours pendant lesquels nous retenions notre haleine. Et puis, maman reparut. Elle montrait un visage clair et nous rassura tout de suite :

— J'ai le papier. Un extrait, une copie. Ça ne

peut pas se refuser. Si je l'avais demandé par lettre, nous en aurions eu pour trois mois. On sait comment ça se passe, avec messieurs les notaires. Mais, j'étais là ! Je me suis assise dans un coin de l'étude et j'ai dit que j'allais attendre. Alors, quand ils ont compris que je ne m'en irais pas, ils ont fait dresser la copie. Ce matin, on a mis les cachets, la légalisation, je ne sais quoi. J'en ai pour seize francs soixante ! Rien que de ce papier.

— Alors, tu l'as vu, Lucie ?

— Le notaire ? Le notaire du Havre ?

— De qui penses-tu que je parle ?

— Évidemment, je l'ai vu. Oh ! c'est un homme comme les autres, un homme très ordinaire. Je croyais me rappeler qu'il était fort, sanguin, avec une encolure de taureau. Comme on peut se tromper, quand même ! Il est plutôt maigre, plutôt pâle. J'ai pensé, tout à coup, qu'il devait être malade. J'y ai repensé dans le train et je me suis dit que s'il mourait par hasard, ce serait une chose effrayante. Je ne parle que pour nous.

— Oui, oui. Et qu'est-ce qu'il t'a dit ?

Maman hochait les épaules.

— Tu sais que ces gens-là ne disent jamais grand'-chose. Ils n'ont même pas l'air de savoir très bien de quelle affaire on leur parle. Ils en ont tant sur les bras ! Il m'a dit que notre affaire à nous n'allait pas trop mal ; seulement que le consul de France...

— Le consul de France ! Quel consul ? Voilà maintenant un consul qui se mêle de nos affaires !

— Nécessairement, Raymond. Le consul de France à Lima. Eh bien ! il a changé trois fois en deux ans, et, chaque fois, c'est tout juste s'il ne faut pas tout recommencer. Il paraît même que les frais s'élèvent, sans qu'on y pense, qu'ils s'élèvent, petit à petit.

— Quels frais ?

— Les frais des recherches.

— Oui, oui, dit papa, soucieux.   Enfin, tu as le papier.   Pour l'instant, c'est le principal.

Ils passèrent la soirée à régler tous les détails de cette affaire Courtois.   Le prêt s'élevait en principe à la somme de dix mille francs.   Nous prenions à notre charge les frais de timbre, assez peu considérables, et la perte causée par la vente des titres en un temps de moins-value.   En d'autres termes, les Courtois vendaient pour dix mille francs de valeurs diverses.   Cette vente, tout calculé, moins-value et commission, devait laisser, au cours du jour, neuf mille six cent cinquante francs, et nous donnions reçu pour dix mille. Papa grondait : " C'est incroyable ! "   Et maman répondait :   " Non ! C'est logique. Ils vendent, c'est à cause de nous, uniquement à cause de nous. C'est donc à nous de supporter la perte."   L'emprunt était consenti par M. Courtois l'aîné d'abord, et par M. Courtois le cadet agissant en son nom et au nom de ses sœurs.   L'emprunt devait porter un intérêt de huit pour cent. M. Courtois avait dit : " Notre argent rapporte cinq.   Si l'on tient compte du risque, vous pouvez servir huit, et ce n'est pas usuraire."   Il était stipulé qu'au moment de l'héritage, MM. Courtois seraient remboursés immédiatement, c'est-à-dire considérés comme les créanciers les plus favorisés et qu'ils recevraient alors, outre leurs dix mille francs, une indemnité spéciale de cinq cents francs en compensation des aléas qu'entraînerait un nouveau placement.   Il était enfin prévu que si l'héritage, fraction Lima,* tardait par trop à venir, le prêt serait remboursé, tout au moins pour les deux tiers, dès la majorité de Joseph, par le moyen d'un emprunt sur le titre nominatif dont il avait la nue propriété.

Papa grinçait des dents. Maman tâchait à le calmer :

— Des choses comme ça t'étonnent, parce que tu n'as jamais eu d'argent, Raymond. Mais, chez mon oncle Prosper, où il y avait un peu de bien, on ne parlait que de ça, presque toute la journée : plus-value, moins-value, tant pour cent, garantie, recours en justice, et tout le reste. C'est la vie.

La cérémonie officielle eut lieu huit jours plus tard — le temps de passer les ordres — dans le " cabinet de travail." Nous vîmes arriver d'abord M. et Mme Courtois, je veux dire Courtois l'aîné. Il était nerveux et sans cesse avançait les lèvres en poussant un petit grognement, ce qui hérissait bizarrement sa moustache teinte d'un noir-deuil.* Il s'assit, les mains aux cuisses, sur le tabouret de piano. C'était un tabouret à vis. Parfois M. Courtois virait vers la droite ou la gauche, et la vis travaillait avec un âcre grincement.

Quelques minutes plus tard, les Fées entrèrent à leur tour, suivies de Courtois le cadet. Leurs odeurs de vieux cuir, de patchouli,* de peau d'Espagne * et de tabac à priser supplantèrent aussitôt les odeurs de notre clan. Nous autres, les enfants, massés derrière une porte, nous avions le sentiment d'être conquis, colonisés.

Maman commença de lire, d'une voix claire, naturelle, calme, le texte cent fois repris pendant les journées précédentes et recopié, pour finir, sur des feuilles de papier timbré. De temps en temps, M. Courtois levait l'index et disait : " Plaît-il ? Voulez-vous recommencer tout le dernier paragraphe ? Ma parole, je deviens sourd." Mme Courtois se penchait à l'oreille de mon père et murmurait : " Je n'ose pas le lui dire, mais c'est vrai qu'il devient sourd." Parfois,

M. Courtois élevait la main pour qu'on suspendît la lecture. Il pivotait à droite, à gauche, sur le tabouret de piano, fronçait les sourcils qu'il portait touffus et teints et disait : " J'entends très bien grincer la vis. Je ne suis donc pas sourd. C'est que Mme Pasquier parle trop bas." Et maman élevait la voix.

Une seconde lecture du texte fut ensuite donnée par Courtois le cadet. Les Fées branlaient la tête, à chaque phrase, en mesure, comme certaines gens sensibles à l'audition d'une pièce de poésie.

Ces deux lectures achevées, maman signa, la première : Lucie-Eléonore Delahaie, épouse Pasquier. Elle écrivit, humblement, un Delahaie minuscule et le Pasquier trois fois plus gros. Papa signa le dernier. Il souriait, l'œil lointain.*

Alors, avec des gestes prudents, comme s'ils allaient saisir une bête venimeuse ou quelque substance explosive, les deux Courtois fouillèrent en même temps dans la poche intérieure de leur jaquette. Ils avaient, pour plus de sûreté, partagé la somme en deux. M. Courtois le vieux compta d'abord cinq billets de mille francs. Il dit : " A toi, maintenant ! " Courtois le cadet compta quatre mille six cent cinquante francs. Ils avaient posé les billets au milieu de la table et gardèrent pendant quelque temps la main dessus, à plat. Puis ils dirent : " Comptez vous-mêmes." Notre mère compta les billets et les tendit à papa. Les Courtois lisaient de l'œil le reçu sur papier timbré, avant de le plier et de le mettre dans leur poche.

Pendant une bonne demi-heure, la société fit en sorte de parler paisiblement, comme les samedis de " banque." Ce n'était pas facile. Toutes les gorges étaient serrées par une angoisse indicible. Et le crâne de M. Courtois, si blanc d'ordinaire, était marbré de plaques rouges.

Les Courtois n'en finissaient pas de s'en aller. Ils jetaient sur toutes nos affaires, sur nos meubles, sur nos personnes, un regard nouveau, terrible, même dans le sourire : le regard de celui qui a, comme il paraît qu'on dit, des droits.

Ils se retirèrent pourtant. Papa rangea les billets dans le tiroir de la table, celui qui fermait à clef. Il chercha pendant longtemps où cacher cette petite clef. Il se résolut, en désespoir de cause, à la laisser sur le tiroir. Nous allâmes, à tour de rôle, voir si la porte du palier était verrouillée avec soin. Toutes les fenêtres du balcon furent closes, et même les persiennes. Et je peux dire que, cette nuit-là, nul de nous ne ferma l'œil, pas même la petite Cécile.

CHAPITRE XVII

DE L'EMBARRAS DES RICHESSES. L'INCANDESCENCE AU GAZ. DIALOGUE SUR LE CAPITAL ET LA PROSPÉRITÉ. L'ÉPARGNE FRANÇAISE EN PÉRIL. MALAISES DUS AUX PREMIÈRES CHALEURS. NUIT D'ATTENTE ET D'INQUIÉTUDE.

Maman voulut, tout d'abord, nous acheter à tous des vêtements et du linge. Il fut ensuite décidé qu'on garderait pour le courant de la maison une somme d'argent liquide, que l'on dégagerait presque tous les objets déposés au Mont-de-Piété, que l'on s'occuperait enfin de mettre en sûreté le reste de la somme, soit environ sept mille francs. Mère, avec modestie, parlait de la Caisse d'Épargne.* Papa souriait dédaigneusement.

— Lucie, tu n'y songes pas. La Caisse d'Épargne n'accepte que des sommes très petites : quinze cents francs, à peu près. Il nous faudrait plusieurs livrets à des noms différents et, pour toi, par exemple, des autorisations maritales, des histoires à n'en plus finir. En outre, l'intérêt qu'ils servent est dérisoire, inexistant.

— Oui, mais nous pourrions retirer l'argent au fur et à mesure de nos besoins, facilement.

— Lucie, laisse-moi réfléchir.

— Sois prudent, je t'en supplie.

Papa ne répondit rien. Il était bien résolu, depuis qu'il avait l'argent, à n'en faire qu'à sa tête. Lui qui, si volontiers, criait : " Lucie ! Lucie ! " dans les instants de détresse, il redevenait, avec la prospérité, le maître, le dictateur.

Il fit, sans nous en souffler mot, toutes sortes de démarches et, brusquement, un soir, il nous annonça la bonne nouvelle. Cela se passait, comme toujours, pendant l'heure du souper, et nous prenions, nous, les enfants, nous prenions à l'entretien une part variable, déjà grande pour Joseph et, pour Cécile, toute petite.

— C'est fait, Lucie, dit papa. J'ai trouvé notre placement.

Maman devint tout de suite attentive.

— Explique-moi ton projet.

— Tu te rappelles bien, Lucie, que nous devons servir à nos prêteurs un intérêt de huit pour cent.

— Sois sûr que je ne l'oublie pas.

— Huit pour cent ! Ça va bien. Je veux bien laisser Courtois répéter à tout bout de champ que ce n'est pas usuraire. C'est, en tout cas, terriblement lourd et, je peux le dire, entre nous, à la limite de l'honnêteté. Enfin, passons ! Si nous plaçons cet argent, nous-mêmes, à trois ou quatre, nous ne récupérons pas la moitié des sommes à verser, surtout que nous payons les intérêts pour dix mille et que nous ne pouvons placer que sept mille à peu près. Il m'a donc fallu chercher une affaire exceptionnelle qui nous rapporte au moins de quoi couvrir les intérêts Courtois. Eh bien ! j'ai trouvé, Lucie. J'ai trouvé du douze pour cent.

Maman ferma les yeux.

— Mon oncle Prosper disait que l'argent ne peut pas rapporter au-dessus de dix et même qu'il ne faut pas chercher au-dessus de dix, que c'est aventureux.

— Ton oncle Prosper était peut-être un commerçant adroit, c'était surtout l'homme d'un autre temps,

7

l'homme des petites idées.   Tu comprends bien, Lucie, que ce n'est pas du douze pur.   Pour obtenir ce douze, il faut additionner l'intérêt et le dividende. Sept d'un côté, cinq de l'autre, du moins pour cette année, car si nous pouvons laisser l'argent, dans quelque temps nous toucherons bien davantage.

— Attends un peu, Raymond.   On te donne, à toi, de l'argent pour lequel on te demande huit.   Et tu dis que c'est usuraire.   Si, si, Ram, tu le dis, tout en disant que tu ne le dis pas.   Et, dans le fond de mon cœur, je suis un peu de ton avis.   Alors, toi, tu prêtes, à ton tour, l'argent que tu viens d'emprunter.

— Comment ça ?   Je ne le prête pas : je le place.

— C'est la même chose.   Un placement, c'est un prêt.   Et toi qui te plains avec raison d'avoir à donner du huit, voilà que tu prends du douze.   Raymond, je ne comprends pas.

— Ce que tu ne comprends pas, c'est que mon argent, celui que je place, que je prête, si tu veux, je le prête à des gens qui le font travailler.   Travailler ! Tu vois, Lucie, ce que ça veut dire ?

— Oh ! oui !   Je vois.   Je comprends.   Qu'est-ce que c'est que cette affaire ?

— Une affaire étonnante dont Markovitch me parlait depuis plus d'un an.   Le nom ne te dira rien.   C'est une affaire industrielle.   Tiens, voilà leur papier.

Mon père tendit une feuille sur laquelle on lisait : INCANDA-FINSKA.   *Société pour l'exploitation des brevets Finska.   Éclairage par l'incandescence au gaz.*

Maman lisait, le front plissé.

— Oui ?   Qu'est-ce que tout cela veut dire ?

— Je te répète, Lucie : une affaire exceptionnelle. Une société par actions.

— On parlait toujours, dit maman, l'air perplexe, on parlait, chez mon oncle Prosper Delahaie, de ces affaires prodigieuses qui n'existent qu'en façade. L'incandescence au gaz ! Vraiment !

Papa se mit à frapper sur la table, en mesure, avec la pointe de ses ongles, ce qui traduisait l'agacement.

— L'incandescence ! Oui, Lucie ! Et je t'affirme que ça se voit, que ce n'est pas une illusion. Je suis allé dans leurs bureaux qui sont, comme tu le penses bien, éclairés par leurs procédés. C'est un éblouissement !

— Enfin, soupira maman, c'est une affaire à voir.

— Mais, Lucie, elle est toute vue.

— Ram, avant de rien décider, réfléchissons quelques jours.

— Lucie, c'est tout réfléchi. Il n'y avait pas de temps à perdre. J'ai eu les actions aujourd'hui pour six cent quatre vingt-dix. On les paiera demain sept cent cinquante. Alors, j'ai donné les ordres. J'ai même donné l'argent.

Mère se mit à trembler du menton.

— Il faudrait attendre un peu.

— Puisque je te dis que c'est fait, que c'est bien fait. Nous n'avons plus qu'à dormir sur nos deux oreilles.

— Et quand nous aurons besoin d'argent pour la maison, pour tes examens de mai, pour une raison quelconque ?

— Eh bien ! nous vendrons une action, deux actions s'il le faut. Il suffit de s'y prendre quarante-huit heures d'avance.

Maman ne répondit plus rien.

Elle commença de maigrir, de pâlir, de se tourmenter. Elle parlait souvent toute seule, soit la nuit, pendant sa couture, soit quand elle était occupée à la cuisine. Je l'entendais murmurer : " De l'argent qui n'est pas à nous ! Oh ! je ne peux pas vivre comme ça."

Pourtant, tout allait fort bien. Papa revenait le soir et disait à brûle-pourpoint :

— Sais-tu combien j'ai gagné dans la journée d'hier ? Oh ! je ne parle pas de Cleiss : ça c'est presque négligeable. Non, je pense à l'Incanda, je parle des actions. Sais-tu combien j'ai gagné ?

— Comment pourrais-je le savoir ?

— Cent cinquante francs, Lucie. Ce que je reçois de Cleiss après vingt veillées de travail. Avoue que l'argent, c'est un truc et qu'on est un peu bête de s'user jusqu'à la fibre pour gagner dix à douze francs par nuit.

— Comment calcules-tu, pour cent cinquante francs ?

— Quinze multipliés par dix, c'est simple comme bonjour. Si ça continue comme ça, je voudrais t'acheter quelque chose. Qu'est-ce qui te ferait plaisir, Lucie ?

Maman secouait la tête.

— Je sais bien qu'il y a des gens, et même beaucoup de gens, qui gagnent leur argent comme ça. Laisse-moi te dire, Raymond, que je ne peux pas le comprendre. Cet argent, c'est donc quelqu'un qui le gagne à notre place.

— Non, c'est l'argent qui travaille.

— Réfléchis un peu, Raymond. Ce sont les hommes qui travaillent. L'argent, lui, ne fait rien. Et si ce n'est pas quelqu'un qui le gagne à notre place, peut-être bien, alors…

— Alors ?

— Peut-être qu'il n'existe pas.

— Veux-tu que j'aille le chercher ?

— Oh ! oui, Ram ! Fais ça ! Comme je serais soulagée !

— Lucie ! Pauvre Lucie ! Que tu es bien Delahaie ! Tu ne comprends rien au monde moderne.

A quelques semaines de là, maman demanda de l'argent.

— Il faudrait tâcher, dit papa, d'attendre encore huit ou dix jours.

— C'est que nous touchons au bout.   Je ne vais pas pouvoir attendre.

— Il faut attendre, dit papa.   L'Incanda, pour le moment, renouvelle son matériel.   Les actions baissent un peu.   Nous avons été prévenus.   C'est une chose tout à fait normale.

Maman devint très pâle.

— Raymond, vends-les tout de suite !   Les actions, toutes les actions !

— Tu es folle, perdre plus de mille francs.

— Tout de suite, Raymond !   Veux-tu que je te le demande à genoux ?

Papa saisit son chapeau, fit deux ou trois fois le tour de la chambre et se dirigea vers la porte.

— Cette scène est ridicule, elle est même inconvenante.   Ne t'imagine pas que je vais céder à la peur et liquider mes actions.   Je m'en vais, de ce pas, travailler ailleurs, dans un endroit quelconque où, du moins, j'aurai la paix.

Cinq jours plus tard, un jeudi matin, je ne l'oublierai jamais, Mme Wasselin vint quérir Désiré jusque dans la chambre où nous jouions tous deux.   Elle tenait à la main je ne sais quel journal dont elle faisait sa pâture.   Elle disait, de sa voix rauque et mélodramatique :

— Vous avez vu ?   La catastrophe !   Ah ! il y aura des pleurs et des grincements de dents, aujourd'hui, dans beaucoup de ménages.

Maman, qui n'écoutait guère les jérémiades Wasselin, dressa tout à coup l'oreille.   Elle avait, pour le malheur, une vertu de divination.

— Une catastrophe, dites-vous ?   Une catastrophe
de chemin de fer ?

— Mais non.   Regardez vous-même.   Ah ! ce sont
de grandes canailles !

Maman prit le journal, y jeta les yeux furtivement,
oscilla sur elle-même et tomba, d'un seul coup, tout
de son long, sur le plancher.

Elle était évanouie.   Il fallut dégrafer son corsage,
lui mouiller les joues d'eau fraîche, lui donner des
claques dans les mains.   J'étais à demi mort d'angoisse
et j'eus pourtant la curiosité de prendre le journal.   On
y lisait en grosses lettres : *L'Épargne française en péril.
Le scandale de l'Incanda Finska.   Arrestation des ad-
ministrateurs.   Les personnalités politiques compromises.
Manifestation de la foule au siège de la société, etc..., etc...*

Mme Wasselin tenait sur ses genoux la tête de
maman.   Elle disait, l'air lugubre :

— Alors, c'est que vous trinquez ?   Pauvre dame,
tout de même.   Des soucis d'argent, Dieu de Dieu !
tout le monde en a.   Si vous voulez que je vous dise :
je sais ce que c'est que la vie et je ne peux imaginer
qu'il y ait d'autres soucis, mais, là, de véritables soucis,
que les soucis d'argent.   C'est ça qui entraîne tout le
reste.

Maman reprenait ses esprits et put s'asseoir sur une
chaise.

— Vraiment, disait Mme Wasselin, vous auriez
perdu des sous dans cette histoire de faillite ?

— Mais non, répliquait maman.   Nous n'avons
rien perdu, madame.   Je ne connaissais pas cette
histoire.   C'est seulement la chaleur.   C'est seulement le mois de mai.

Nous avions tout compris.   Nous, je veux dire
Ferdinand et moi.   Nous restions muets d'horreur et
peut-être d'admiration.

Le reste de la journée, maman s'enferma dans une chambre, ce qu'elle ne faisait jamais. Nous frappâmes deux ou trois fois, pour tromper notre tristesse. Maman répondait : " Si vous n'avez besoin de rien, laissez-moi, mes enfants. Laissez-moi, je suis malade."

Chose effrayante et rare, ce soir-là, père ne rentra pas coucher. Maman s'assit sur une chaise devant la fenêtre ouverte et passa toute la nuit là, allant de minute en minute sur le balcon pour écouter les bruits de la rue.

Papa ne revint que le lendemain matin. Il n'était ni peigné, ni rasé, ni brossé. Il avait l'air dur et terrible. Maman lui servit du café sans articuler une syllabe.

CHAPITRE XVIII

MISÈRES D'ÉTÉ. VUES SUR LA NOURRITURE ET L'APPÉTIT DES ENFANTS. ALLÉGEMENTS. NOUVEAUX MIRACLES ORPHIQUES ET SUCCÈS SCOLAIRES. DIS-COURTOISIE DES COURTOIS. L'ÉPREUVE DU TABOURET. VARIATIONS SUR LA DÉMENCE.

Cette infortune, pour nous si poignante, prélude aux événements d'un été néfaste entre tous, l'été de 91. Les ténèbres de l'hiver jettent sur l'adversité des voiles funéraires qui en sont la hideuse parure naturelle. Mais, quand je suis malheureux, je hais l'été perfide, ses moiteurs, ses orages, ses délices vénéneuses et tout ce cruel discord entre le ciel et mon âme.

Notre salle à manger redevint un atelier de couturière. Maman partait tous les deux jours et rapportait un gros paquet de vêtements qu'il lui fallait coudre, doubler, munir de boutonnières et de boutons.

Nous avions fini, pour ne pas brouiller l'ordre des étoffes, par manger dans la très petite cuisine que je chérissais, sans le dire, parce qu'elle était toujours sombre et qu'elle s'accordait bien à la couleur de nos pensées.

J'avais un peu plus de dix ans. J'étais maigre et même chétif. Je ne mangeais presque rien, peut-être par dégoût de tout au monde, peut-être parce que, déjà, les enfants ont de ces calculs, je ne pouvais m'empêcher de réfléchir, en l'avalant, au prix de chaque bouchée. Certains jours, un flot de sang me montait du cœur au visage, ma bouche s'emplissait

d'eau ; je sentais mes dents grincer comme celles
d'un jeune animal. J'avais faim, malgré tout, je
voulais manger et vivre. C'est alors que j'ai découvert le sens et la force des nourritures simples : le
pain, le fromage, le sucre. J'y pense encore, presque
chaque jour. Et puis je me sentais ressaisi de lan-
gueur. Une fois par-ci par-là, nous mangions un peu
de viande. Supplice écœurant. Tristesse. La grosse
bouchée de veau, réduite à l'état de ficelle, et qui ne
veut pas descendre, et qui passe d'une joue à l'autre,
pendant que les yeux de l'enfant s'emplissent de
larmes claires. Heureusement, heureusement, nous
avons, cette saison-là, presque oublié le goût de la
viande.

Je le répète, j'avais un peu plus de dix ans. Je
connaissais, de la vie, bien des choses que beaucoup
d'hommes n'ont pas même imaginées, à l'instant de
quitter ce monde.

Que je ne sois pas injuste, que je ne sois pas ingrat !
Certains dédommagements nous étaient parfois oc-
troyés. Certains soirs, l'enfant Cécile s'asseyait devant
le piano. Pendant une petite heure, toute misère
oubliée, nous écoutions notre ange comme les ani-
maux, jadis, écoutaient Orphée, le chanteur thrace.*

J'obtins, cette année-là, mon certificat d'études, de
manière précoce et brillante. Papa venait justement
de passer des examens et d'y réussir. Il me soulevait
dans ses bras et, me juchant sur son épaule, disait, le
visage épanoui : " Voici les deux lauréats ! "

Il avait le don d'oubli, ce qui, selon les heures, est
grande faute ou grande vertu. Il effarouchait maman
par des réflexions telles : " En somme, il est heureux
que ces affaires du Havre aient traîné jusque maintenant. Si nous avions touché la totalité de la somme,
au lieu d'emprunter aux Courtois, j'aurais peut-être

placé, dans cette affaire d'Incanda, trente-cinq ou trente-six mille francs. C'était une si belle affaire ! Et nous aurions tout perdu."

Car l'affaire de l'Incanda ne laissait plus aucun espoir. Chose étonnante, père en parlait avec un mélange de fureur et de tendresse. Il a toujours, par la suite, du moins chaque fois qu'il l'a pu, trinqué dans ces grands naufrages, dans la débâcle Thérèse Humbert, dans le désastre Rochette. Le génie de ces aventuriers le fascinait bien un peu, malgré qu'il en eût et quoi qu'il en ait pu dire.

Non, que je ne sois pas ingrat ! Nous allions à la dérive, souvent dépourvus et désemparés ; mais nous avions toujours de grands projets, nous cultivions de beaux espoirs, et nos parents nous aimaient. J'inventais, à ce sujet, chaque soir, des actions de grâce et pensais avec douleur à Désiré. Son père, irrité de maintes mésaventures, de maints échecs, affronts et faux pas, s'était avisé de chercher du soulagement en battant son plus jeune fils. Oh ! non plus par caprice, mais avec régularité, deux ou trois fois par semaine, dans une intimité farouche, toutes portes closes et Mme Wasselin préalablement refoulée sur le palier.

Désiré faisait souvent, pour rester muet, un effort courageux. Parfois, il succombait aux larmes. Alors, nous entendions tout. Papa se levait, un peu pâle, sa moustache en hérisson. Il allait frapper à la muraille ou même à la porte et criait d'une voix altérée : " Arrêtez tout de suite, monsieur, ou je vais chercher la police. A moins que je ne vous corrige de mes propres mains, monsieur."

Désiré, le lendemain, me disait avec un sourire :

— Laurent, ce n'est rien du tout. Dis à ton père que ce n'est rien du tout. Papa voulait s'amuser. Il ne m'a rien fait, je t'assure. Il a seulement des ennuis.

Il a dû reprendre un emploi, un emploi qui ne lui plaît pas.

Notre principal souci nous venait alors des Courtois. La " banque " était devenue une institution sacrée, quelque chose d'absolument obligatoire. Maman, plantant là ses coutures, devait y figurer, et de même notre père qui n'avait pas une soirée à perdre et que ces séances exaspéraient. Les Courtois prenaient l'habitude, soit le mâle, soit la femelle, soit quelque autre citoyen de la tribu, de pénétrer chez nous, sous un prétexte même futile, comme d'apporter un journal, ou de voir l'heure, ou d'emprunter une allumette, ou même de regarder, avant une promenade, notre baromètre à mercure dont les Fées disaient : " C'est un appareil de valeur." Mme Courtois, si nous étions à table, c'est-à-dire dans la cuisine, s'appuyait une minute au chambranle de la porte. Elle disait : " Tiens ! vous avez des cerises ! Nous n'y avons pas encore goûté cette année, nous autres." Maman répondait : " C'est que nous ne prenons pas de viande." Alors Mme Courtois : " La salade, c'est bon, l'été ; mais ça mange beaucoup d'huile. Il faut savoir se priver, dans le temps que nous traversons... "

Quand elle était partie, maman murmurait, le souffle court : " Si nous avions encore l'argent, je le leur rendrais tout de suite."

Nous finissions par nous cacher de tout,* aux yeux de nos créanciers. En revenant, le matin, avec ses maigres provisions, maman se dépêchait de passer devant la porte des Courtois. Elle gémissait : " Mes pauvres petits, vous n'avez que de vieux vêtements, et c'est une bénédiction. Si l'on vous en donnait de neufs, je n'oserais même pas vous les mettre, pour ne pas m'attirer une réflexion désobligeante."

En vérité, je crois que notre imagination malade

cherchait, trouvait, inventait, à tout propos et même
hors de tout propos, de folles raisons de souffrir.　Et
les choses en étaient là quand accourut à la traverse un
événement ravageur.

M. Courtois devenait sourd.　Ses proches l'avaient
remarqué.　Nous le savions, nous aussi.　Il arrivait
qu'il pénétrât dans la maison, j'entends chez nous,
sans même frapper à la porte.　Il était escorté de sa
femme et poursuivait, en entrant, une querelle, toujours la même : "Vous permettez, disait-il, que
j'aille au tabouret ?"　Il s'agissait de notre tabouret
de piano dont le grincement, fort aigu, traversait
encore assez bien cette surdité grandissante.　M. Courtois faisait grincer le tabouret et, se retournant vers
sa femme : "J'entends parfaitement le tabouret,
criait-il d'une voix victorieuse.　Du moment que
j'entends le tabouret, c'est donc que je ne suis pas
sourd."

Et Mme Courtois disait :

— Mais, mon ami, personne ici ne pense que tu es
sourd.

Le bonhomme tournait le dos et sortait, bien tranquillement, tout fier de sa démonstration.

Nous commencions de trouver cette cérémonie
naturelle, mais les choses changèrent d'allure.

Un soir, M. Courtois fit son entrée comme d'ordinaire, en tournant, sans façons, la clef du vestibule.
Nous achevions de souper, et pressentant quelque
chose d'anormal, nous passâmes aussitôt dans la salle
à manger toute pleine d'étoffes, de coupons, de fils, de
pelotes, d'épingles.　Derrière M. Courtois s'avançait
la tribu : la femme, le frère et les Fées.　Ils avaient les
traits tirés, les mains tremblantes, l'odeur folle.　Ils
regardaient avec effroi leur chef, maître et seigneur.

M. Courtois ne fit qu'un signe et ne dit qu'un mot :

" Je vais au tabouret." Il ne s'excusa même pas. Il obtint du tabouret divers grincements, il vint dans la salle à manger et s'assit sur une chaise, les mains aux cuisses, le visage d'une pâleur inhumaine, des gouttes de sueur au bout des poils.

— Non, dit-il, je ne suis pas sourd. Ceux qui tâchent de l'insinuer pourraient bien s'en repentir.

Il y eut un instant de silence. Enfin M. Courtois cria d'une voix furieuse :

— Si l'on dit que je suis sourd, savez-vous ce que je vais faire ? Je vais redemander l'argent. Je vais exiger mon argent. Qu'a-t-on fait de mon argent ?

Mme Courtois s'avançait. Elle parlait très doucement, comme on parle aux enfants malades :

— On te le rendra, ton argent. Sois tranquille, mon mignon ! N'est-ce pas, madame et monsieur, qu'on lui rendra son argent ? Sois tranquille, mon chéri, va faire tourner le tabouret. Tole, veux-tu ? fais-lui tourner le tabouret.

Courtois le cadet poussait doucement le bonhomme dans la pièce voisine. A peine furent-ils sortis, Mme Courtois et les Fées commencèrent de pleurer.

— C'est affreux, madame Pasquier. Il est devenu fou, depuis cette misère d'oreilles. Il est complètement fou. Qu'est-ce que nous allons faire ?

— Il faut, dit mon père, il faut aller chercher le médecin.

Mme Courtois sursauta. Les larmes délayaient sa poudre. Elle était monstrueusement laide.

— Un médecin ! Vous n'y pensez pas. Si les médecins s'en mêlent, ils voudront me l'enfermer. Je ne veux pas qu'on me le prenne. Je veux le garder, le soigner moi-même.

— Madame, dit maman avec beaucoup de présence

d'esprit, je vous comprends très bien. J'en ferais
autant à votre place. Enfin, Ram, tu me comprends :
il ne s'agit pas de toi. N'appelez pas le médecin.
Nous ne dirons rien, bien sûr. Mais si M. Courtois
réclame encore l'argent, cela fera des histoires et tout
le monde verra bien que M. Courtois est malade.

Mme Courtois s'était arrêtée de gémir. Elle nous
lançait maintenant un regard sec et menaçant. Le
problème venait d'être posé par maman de façon
irréprochable. Mme Courtois mit un peu de poudre
et se tourna vers ses belles-sœurs.

— Vous allez me faire le plaisir de vous torcher la
figure et de sourire. Compris ? Qu'il ne s'aper-
çoive de rien. Quant à vous, Madame Pasquier, je
vais le calmer, pour l'argent. Oh ! je sais comment
m'y prendre. Même fou, c'est encore mon mari.
Je le connais. Je vous répète que je vais le calmer.
Seulement, qu'on ne dise rien au dehors et qu'on soit
gentil avec lui. Vous m'entendez, les enfants ?

Elle jetait un regard à la ronde. Mon père avait
disparu. Je pense qu'il était allé se promener dans le
quartier. On ne le revit que vers la mi-nuit.* Les
Courtois, avec des mots, des caresses, des douceurs,
emmenaient leur dément qui ricanait et criait : " J'entendrais voler un moustique. J'entendrais tomber
une épingle. Je ne suis pas plus sourd qu'un
autre."

La porte refermée, maman se laissa choir sur une
chaise. Elle se tordait les mains. Elle disait : " C'est
intolérable ! Qu'avons-nous fait pour mériter une
punition pareille ? " Elle entrevoyait encore, en tout
malheur, un châtiment.

Les jours suivants, M. Courtois fit des apparitions
brèves, tantôt seul et tantôt sous escorte. Il allait au
tabouret et le faisait grincer longuement. Il disait

aussi, l'air bonasse : " Attention à mon argent ! Un mot de travers, pas plus, et je suis homme à le réclamer, mon argent."

Il tenait aussi des propos de la plus pure démence. Nous commencions, nous, les enfants, d'en rire à la dérobée, car ce n'était pas seulement affreux, c'était quand même assez drôle.

Parfois, saisi de frayeur, je me sauvais sur le balcon. Désiré venait me rejoindre. Nous passions là des heures à communier dans la tristesse. Je disais :

— Est-ce que tu veux toujours te faire prêtre ? Moi, ça me plairait bien.

Et Désiré de répondre :

— Je t'ai déjà dit que non. C'est fini. Je ne veux plus.

CHAPITRE XIX

BRUITS DE FÊTE. ÉMOTION DE JOSEPH. UNE CATASTROPHE. INTERVENTION REGRETTABLE DE M. RUAUX. JUPITER ET LA FOUDRE. UN SOIR D'ORAGE. SILENCE ET DOULEUR. IN MEMORIAM.

C'était un jour de la mi-juillet, la veille ou l'avant-veille de la fête nationale,* je ne pourrais préciser. Je sais que la poste marchait, puisqu'il y eut, dans la soirée, une distribution de lettres. Je sais que les maisons de commerce travaillaient encore, puisque Joseph était parti, dès sept heures, comme à l'ordinaire. Je sais que, ce matin-là, nous avions été, Ferdinand, Cécile et moi, à l'école.* Et je sais même que la quittance du terme n'avait pas été présentée. Mais c'était bien la mi-juillet : à l'effroi de cette journée se trouvent mêlés, vers le soir, des envols de piston,* des gloussements d'ophicléides.* L'ombre orageuse et brûlante est incendiée de lampions. Une triviale rumeur foraine souille à jamais l'un de mes plus noirs souvenirs.

Joseph rentra vers midi. La maison était calme encore ; les murmures de la rue disaient que tout le quartier commençait de trembler des pattes et s'apprêtait à valser sur les bitumes ramollis.

Joseph arrivait toujours le dernier, car il travaillait au loin. Quand il entra, nous étions tous à table. Il retira son chapeau, s'épongea le front et dit :

— Vous ne savez donc rien ?

Et, comme nous restions béants :

— M. Wasselin est en prison.

A la louange de mes parents, je dois dire qu'ils n'accueillirent pas cette nouvelle avec des " je m'en doutais," ou des " ça ne m'étonne pas." C'étaient des gens simples et droits, encore bien proches de ce peuple pour qui le mot de misérable désigne indifféremment le coupable et le malheureux.

— Comment le sais-tu ? dit papa.

— La police est en bas, dans la loge de la concierge. Le père Tesson m'a tout dit parce que je voulais entrer, voir s'il y avait des lettres. M. Wasselin est allé, ce matin, à son bureau, dans cette nouvelle maison, *Au Petit Saint-Germain.* Ce matin comme tous les jours. Et c'est dans son bureau même qu'on est venu l'arrêter.

— Qu'est-ce qu'il a fait, mon Dieu ?

Joseph ne donnait pas à croire qu'il serait un homme tendre. Pourtant, il baissa la tête et dit d'une voix effrayée :

— Il a détourné deux mille francs. On dit : détourner. C'est la même chose que voler. Mais voler, voler, c'est trop triste.

Maman soupirait :

— Assieds-toi, Joseph. Il faut quand même que tu manges quelque chose.

Et Joseph répondit :

— Je n'ai plus faim.

Le repas, le semblant de repas s'acheva dans le silence. Maman dit, en terminant :

— Si j'allais chercher Désiré. Nous pourrions le garder ici.

Papa secoua la tête :

— C'est trop tard. Les voilà.

On entendait, sur le palier, des pas d'hommes. Et puis un coup de sonnette, lointain, maigre, perdu dans le fond d'un autre monde. Et puis la voix de

Mme Wasselin. Et puis un cri farouche, un cri de tragédienne à qui l'on viendrait apprendre que son époux est mort, non celui de la tragédie, mais bien celui de la chair.

Nous étions tous debout, l'oreille attentive.

— Ram, dit maman, Ram, s'il faut consoler cette pauvre dame, j'irai, le moment venu. Mais toi, Raymond, tu ne peux rien. Autant vaut sortir, Raymond, et t'en aller à tes cours.

Papa répondit qu'aux approches d'un jour de fête il n'avait rien à faire au dehors et que les bruits de la rue lui retiraient toute envie de sortir. Il prit un livre et s'assit, tenant sa tête à deux mains. Bien qu'il ne fumât jamais, il alla chercher, dans une boîte, une vieille cigarette toute jaune et se prit à la fumer. On s'aperçut, trois heures sonnées, que nous n'étions pas retournés à l'école, nous les petits, et que Joseph avait oublié son bureau. Nous attendions. Nous attendions quelque chose d'extraordinaire.

Vers trois heures et demie, les gens de la police quittèrent la place. Le bruit de leurs souliers finit par s'abîmer dans le silence anxieux de la maison. Je ne sais ce qu'avait pu redouter maman, mais elle eut un profond soupir.

— Jurez-moi, dit-elle, de ne bouger ni les uns, ni les autres. Je vais voir la pauvre dame.

— Maman, fis-je à mi-voix. Je voudrais parler à Désiré.

— Laisse Désiré tranquille. Si je peux le ramener, il dînera ce soir avec nous.

Maman sortit et tira la porte. Elle revint dix minutes plus tard.

— C'est triste à voir, dit-elle. Ils ont tout bouleversé, dans l'idée de retrouver l'argent. Ça ne peut pas se raconter : le linge au milieu de la chambre,

toute la vaisselle par terre, l'édredon décousu et le
courant d'air qui fait voler le duvet.   Ils ont ouvert
les livres de classe des enfants.   Ils ont même décroché
les gravures et la suspension de la salle à manger.
Pourquoi ?   On se le demande.   Ils n'ont rien trouvé,
cela va sans dire.   Ces deux malheureux mille francs,
M. Wasselin a dû les laisser sur les champs de courses.
Ou quoi ?   Mon Dieu !   Quoi donc ?

— Et Mme Wasselin ?

— Elle est à plaindre.   Elle ne savait rien, c'est sûr.
On l'a traitée comme une voleuse.   Les grands enfants
ne sont pas là.   Le fils est un garçon perdu.   La fille
ne vaut guère mieux.   C'est une famille en cendres.

— Et Désiré ? fis-je à voix basse.

— Désiré pleure, derrière le lit.   Ni sa mère ni
moi-même nous n'avons pu le tirer de là.   Pauvre
Désiré !   Mes enfants, c'est bien triste.   Faites ce que
vous pouvez pour passer le temps.   Soyez sages.   Je
vais aider cette dame à remettre de l'ordre.   Il faut
quand même ranger le linge et la vaisselle.   Qu'est-ce
que tu fais, Raymond ?

— Moi ?   Rien.   Tu vois, je travaille.

Maman retourna chez les Wasselin et deux grandes
heures passèrent.   De temps en temps, papa se levait
et sortait respirer sur le balcon.   Il avait l'air irrité.
Il ne disait pas un mot.   Il tirait sur sa moustache et
regardait le ciel épais, sourcilleux, chargé de foudre.

Il était plus de six heures et l'après-midi se mourait
quand nous entendîmes sonner à la porte des Wasselin.
Nous avions l'oreille en garde et nous retînmes notre
souffle.   Une voix lourde, lente, disait :

— Je veux voir Mme Wasselin.

— Monsieur, répondit maman, vous feriez mieux
d'attendre.   Mme Wasselin vient d'être bien cruellement éprouvée.

— Je le sais, et c'est pour ça que je veux la voir tout de suite.   Enfin, madame, je pense que vous devez me connaître.   Je suis M. Ruaux, je suis le propriétaire, je suis votre propriétaire.

Papa venait de se lever.   Il avançait à pas de chat vers la porte d'entrée.   Il se tint là, silencieux.

— Vous comprenez, madame, disait le visiteur, que je ne veux plus jamais voir la police dans mon immeuble.   M. Wasselin est en prison, ce n'est drôle pour personne.   Mais Mme Wasselin est là.   C'est à elle que je vais parler.   Vous pouvez lui dire, madame, que je lui donne son congé.   Et ce n'est pas pour l'année prochaine, c'est pour tout de suite, pour tout de suite.   Je ne veux pas de voleurs dans ma maison.

Le bonhomme élevait la voix.   Une espèce de gémissement nous fit comprendre à tous que Mme Wasselin venait enfin de comparaître.

— Pas de voleurs dans ma maison !

C'est alors que, tout doucement, mon père ouvrit notre porte.   Je dois dire qu'à cette minute il me parut très beau, très fier.   Il a toujours été maigre, mais il était, en ce temps-là, presque aussi maigre que l'illustre gentilhomme de la Manche.*   Sa longue moustache remuait, comme animée d'une vie propre. Il avait d'assez belles mains, glabres, blanches, nerveuses et dont il jouait.   Il ouvrit la porte, bien doucement, puis en grand.   Nous étions tous derrière lui, fascinés, émerveillés, avec le sentiment qu'on allait soulever le poids qui nous écrasait la poitrine.

— Monsieur, dit papa posément, vous êtes le propriétaire.   Et moi, je suis M. Pasquier.   Eugène-Étienne-Raymond Pasquier.

Le propriétaire fit front.   Il était massif, de poil gris.   Il avait une barbe claire, les pattes en cerceau,* le ventre en pointe.   Il était parfaitement chauve et je sentis tout de suite que cette dernière disgrâce allait aggraver son cas.

— Vous êtes M. Pasquier ?   Eh bien ?   Qu'est-ce que ça peut faire ?

— Cela fait, monsieur, dit papa, que je vous prie de descendre et de ne pas troubler plus longtemps la paix de cette maison.

Le bonhomme devint rouge, puis violâtre, puis noir, et l'on put croire une seconde qu'il allait tomber, d'une pièce, écumer, saigner du nez, mouiller ses chausses.

— La paix de cette maison !   Vous parlez de ma maison !   Ma maison, monsieur, ma maison !

Papa se mit à sourire, son calme devint effrayant et nous comprîmes tous qu'il était parti, sans retour, pour une colère majuscule, une colère telle qu'un homme n'en fait pas trois d'aussi belles dans sa vie.

— Il est possible, dit-il, que cette maison vous appartienne.   Mais c'est nous qui l'habitons et nous avons droit à la paix, nous payons aussi pour la paix. Monsieur, vous choisissez l'instant où le malheur s'abat sur une famille pour faire une chose très vilaine. Et vous croyez, monsieur, que je vous laisserai faire sans vous châtier, à ma façon ?

Petit à petit, mot à mot, mon père élevait la voix. C'était un crescendo bien contenu, une gradation savante.   Et le bonhomme Ruaux, saisi soudain d'épouvante, commença de lâcher pied.   Il reculait, ligne à ligne, et bredouillait : " Mais, c'est inimaginable ! "

— Oui, monsieur, je vais vous châtier !   Vous ne méritez pas autre chose.   Vous êtes laid.   Vous êtes gras.   Vous êtes ridicule et bête.   Vous avez le regard faux.   Et même, vous ne vous refusez rien : vous vous offrez * d'être chauve !

Cette période ascendante faillit être compromise par la brusque apparition de M. et Mme Courtois. Le peintre-de-roses-à-la-gouache montrait un visage radieux. Il criait : " J'entends ! J'entends ! " comme un autre avait pu crier : " Et moi aussi, je suis peintre ! " *

Mais notre père était parti. Rien ne pouvait plus l'arrêter. En vain ma mère et Mme Wasselin s'accrochaient aux basques de sa jaquette. En vain Mme Courtois disait : " Vous dépassez les bornes." En vain les autres locataires, arrachés à leur terrier, commençaient de monter les marches. Notre père était en route pour un chef-d'œuvre de colère.

— Vous vous offrez d'être chauve, d'être ventru, d'être cagneux et, pour couronner le tout, vous êtes méchant, vous êtes ignoblement méchant. Monsieur, vous êtes un mufle ! Vous êtes le modèle des mufles. On le saura, monsieur, on le saura. Je veux que la maison le sache, que toute la rue le sache, que tout le quartier le sache. Je veux que tout Paris le sache, que le monde entier, monsieur, sache que vous êtes un mufle. Un mufle doublé * d'une canaille, une canaille doublée d'un fauve, un fauve doublé d'un niais...

Le bonhomme battait en retraite. Il descendait les degrés, deux par deux, puis quatre à quatre. C'était une fuite, un galop farouche et harcelé. D'un étage à l'autre, les locataires faisaient la haie, les uns stupéfaits, les autres goguenards. Et papa dégringolait sur les talons de sa victime.

— Un niais doublé d'un poltron, car, monsieur, vous êtes un lâche...

La voix s'enflait encore, mais commençait de s'enfoncer dans les entrailles de la maison. Une minute plus tard, elle éclatait dans la rue. Nous étions tous au balcon, en même temps dévorés d'an-

goisse et curieusement soulagés.   La colère de papa
venait de crever à l'air libre.   Ruaux, le malotru,
tâchait à fuir ; mais l'ange de la justice ne le quittait
pas d'une semelle.   Une foule surexcitée faisait cor-
tège aux deux hommes.   C'était vraiment la plus
étonnante colère qu'il nous avait été donné de voir,
d'entendre et d'admirer.   Le groupe, au bout d'un
instant, disparut dans la rue Vandamme.   Nous
percevions encore les éclats de la voix vengeresse, des
mots, des mots, des mots.   Enfin, le bruit se perdit
du côté de l'avenue du Maine.

Nous restions sur place, assommés.   Nous avions
vu Jupiter.*

Papa ne revint que dix minutes plus tard.   Il montait l'escalier posément, en s'éventant avec un bout de
journal, car il avait grand chaud.   Il donnait des
poignées de main à certains locataires demeurés sur
son passage pour lui témoigner leur respect, leur
estime, leur vibrante admiration.

Mme Wasselin soupirait, sur le seuil de notre cuisine.
Maman me souffla, d'une voix défaillante :

— Ne dis rien à ton père.   Ce qu'il a fait est d'un
bon cœur ; mais c'est épouvantable.   Va voir ton
pauvre Désiré.

Le jour mourait.   Le ciel était bas et noir.   Le
monde espérait l'orage.   Je me glissai comme une
ombre dans le logement des Wasselin.   Je préfère ne
pas raconter ce que je vis en pénétrant dans leur salle
à manger...

Quand, au bout d'une petite heure, je repris connaissance, entre les bras de ma mère, j'entendis que
l'on disait, à voix basse, autour de moi : " C'est un
grand malheur ! Quel malheur épouvantable ! "
Alors l'esprit me revint et je revis, devant mes yeux,
tel je le revois encore en rêvant, les soirs d'orage,

Désiré Wasselin pendu par le cou, à l'anneau de la suspension.

Non ! Pas un mot ! Pas un mot !

Un peu plus tard, dans la soirée, maman ouvrit les fenêtres. On entendait la musique des bals populaires qui tourbillonnaient au loin, sur le boulevard de Vaugirard et l'avenue du Maine.

Maman dit :

— Il faut, quand même, au moins pour coucher ce petit, il faut allumer la lampe à pétrole.

Père alluma notre lampe et dit, en s'essuyant les mains :

— Qu'est-ce que c'est que cette lettre ?

— Quelle lettre ? fit maman, la voix morte.

— Cette lettre qui est sur la table.

Mère allongea le bras, sans cesser de me bercer. Elle retournait la lettre avec lassitude. Elle la reposa même un instant et dit à papa, tous bas :

— Sans en avoir l'air, regarde. Le pauvre Laurent s'est mis à trembler du menton. Il tremble même très fort, comme moi, comme mon père et comme le grand-père Guillaume.

Puis elle reprit la lettre et l'ouvrit d'une seule main, maladroitement. Elle l'ouvrit et dit aussitôt :

— C'est une lettre du Havre !

CHAPITRE XX

LA LETTRE DU HAVRE. DIVERS POINTS D'HISTOIRE
FAMILIALE. SUR TROIS VERS DE BOILEAU. LA PART
D'AURÉLIE ET LA PART DE MATHILDE. LEÇON
D'ARITHMÉTIQUE. FIÈVRE ET DÉLIRE. MIRACLE
N'EST PAS ŒUVRE.

C'était la lettre du Havre.

Je vais en parler tout de suite, ne serait-ce que pour tromper l'assaut des ombres, pour disperser le vol des anges blancs et noirs. Il y a, dans les chiffres, une aridité polaire, une sécheresse inhumaine et, de ce fait, reposante, comme doit l'être le néant.

Je vais en parler brièvement, bien que ma mère ait pris toute une nuit pour en débrouiller le jargon, pour en extraire la substance, et bien que je soupçonne mon père de n'avoir jamais tout à fait compris ce mirifique document.

Je vais, en tout cas, donner mon interprétation personnelle, que la suite des événements a justifiée, éclaircie et qu'on peut tenir pour bonne. J'y ajoute quelques détails obtenus, bien des années plus tard, grâce aux relations personnelles que j'ai nouées avec mes confrères de Lima.

Les deux sœurs de ma mère n'étaient pas mortes en 1866, comme avait pu le faire croire une lettre expédiée, vers ce temps, par l'associé de mon grand-père pendant la maladie de ce dernier. Mon grand-père Mathurin avait bien alors perdu deux filles, mais deux filles du second lit, mortes toutes deux ensemble,

au cours d'une épidémie. Les deux filles du premier
lit, les deux filles venues de France, les vraies sœurs de
ma mère, s'étaient mariées en 67, comme d'ailleurs
Mathurin l'avait fait savoir à Prosper. L'aînée,
Aurélie, était morte en couches, à peu près au bout
d'un an, c'est-à-dire en 68. La seconde, Mathilde,
avait quitté Lima pour suivre son mari, négociant à
Cusco.* J'y ai songé souvent, plus tard, en récitant
à mes maîtres ou en relisant pour moi-même ces vers
de Boileau-Despréaux,* ces vers dont l'un est plat, le
second d'une mélancolie romantique et le troisième
ridicule :

> Le bonheur tant cherché sur la terre et sur l'onde
> Est ici comme aux lieux où mûrit le coco,
> Et se trouve à Paris de même qu'à Cusco.*

En 69, soit deux ans après son mariage, cette sœur,
qu'il me faudrait, somme toute, appeler ma tante
Mathilde, avait quitté sa maison au moment d'un
tremblement de terre. Les phénomènes de ce genre
sont, paraît-il, assez fréquents dans cette région du
monde et les Péruviens savent tous que, dès la première secousse, il faut sortir de chez soi pour n'être
pas enseveli sous les décombres. La tante Mathilde
avait donc quitté sa maison, comme tout le monde.
Le tremblement de terre passé, on avait en vain cherché
la jeune femme. Il avait été impossible de la retrouver,
morte ou vive.

Il existe un texte de loi, paraît-il, interdisant de
dresser un acte de décès régulier pour des personnes
disparues, tant que le cadavre n'a pas été découvert et
dûment identifié. A défaut d'une telle identification,
la mort ne se trouve admise et l'acte délivré qu'après
un délai de trente ans, à compter du jour même de la
disparition.

Tels étaient les renseignements — je les résume —
fournis après de longues et difficultueuses recherches
par le consul de France à Lima.

L'acte de décès d'Aurélie ayant été légalement
délivré, puis expédié en France, le notaire du Havre,
exécutant à la lettre les dispositions testamentaires de
Mme Delahaie, mettait à la disposition de ma mère la
part dite " part d'Aurélie," soit environ vingt mille
francs, en fonds d'État.   Quant à la part de Mathilde,
elle devait rester en dépôt, sous la gérance du notaire,
jusqu'en 1899.   Et je dois dire qu'à cette époque
nous en touchâmes le montant.

Mais, quand la lettre arriva, la lettre que j'analyse,
nous étions en 91.   La part d'Aurélie, je viens de le
dire, consistait en fonds d'État, au porteur, et négo-
ciables.   Le notaire s'offrait lui-même à donner des
ordres de vente.   Ces titres venaient de subir une
légère dépréciation, ce qui ramenait leur valeur, au
cours du jour, à dix-neuf mille deux cents francs.   En
revanche, il fallait ajouter à ce principal les intérêts,
trois pour cent, depuis la mort de Mme Delahaie,
c'est-à-dire pendant neuf trimestres.   Ce qui faisait
un total de vingt mille cinq cent cinquante francs.

Cette somme se trouvait grevée de beaucoup de
frais notables : frais de succession, frais d'étude, et,
surtout, frais de recherches, réclamés par les agences
péruviennes.   L'ensemble de ces débours s'élevait —
j'ai conservé toutes ces affreuses paperasses — au
chiffre effarant de sept mille trois cent quinze francs.

Ma mère, pendant bien des jours, considéra ce
chiffre en se mordant le bout des doigts.

Elle donnait à l'arithmétique toutes les minutes que
lui laissaient les soucis de la maison et la catastrophe
Wasselin.   Papa disait, en regardant les papiers par-
dessus l'épaule de ma mère :

— En somme, ça fait un peu plus de treize mille deux cents francs que nous aurons devant nous.

Mère se retourna, toute raide, et considéra longuement ce compagnon extraordinaire, l'homme de sa vie, l'homme dont elle était devenue, pour toujours, l'ombre fidèle.

— Tu dis, Ram, treize mille francs... Mais tu ne penses donc pas que, là-dessus, nous devons rembourser aux Courtois dix mille francs, plus cinq cents francs, plus un trimestre, à huit, en calculant sur dix mille, ce qui fait deux cents francs. En tout, dix mille sept cents.

Papa leva les bras au ciel. Il commençait d'oublier cet emprunt aux Courtois, le désastre de l'Incanda Finska et la folie du vieux prêteur et les scènes au tabouret.

Maman n'était pas abattue. Je dois même dire que, jamais, nous ne l'avions vue si forte que dans ces jours de détresse. Elle ne disait plus : " Mon Dieu, j'ai la tête perdue ! " Elle avait la tête haute, l'œil limpide, la bouche serrée. Elle commençait de grossir et nous apprîmes bientôt qu'elle devait mettre au monde un nouvel enfant, frère ou sœur. (Ce fut la petite Suzanne, en janvier 92.) Mais notre mère nous a tous portés en pleine course, en pleine bataille.

Maman se dressa donc et dit :

— Écoute bien, Raymond. Tous comptes faits, restent deux mille cinq cent trente-cinq francs. De quoi préparer l'automne et, bien entendu, de quoi déménager, car il nous faut déménager. M. Ruaux n'a pas attendu : j'ai le congé dans ma poche. J'irai le voir après-demain et j'espère bien arranger les choses pour le terme d'octobre, en admettant toutefois qu'il ne s'avise pas, Raymond, de nous attaquer en justice. Deux mille cinq cents francs, Raymond. Et c'est fini, bien fini. Nous toucherons peut-être, un jour,

plus tard, dans bien des années, cette part de Mathilde.
Possible. Je ne veux plus y penser. Je ne veux plus,
Raymond, c'est fini. Je ne veux plus compter que
sur nous, sur nos quatre bras, sur nos deux têtes. Et
je t'affirme, Raymond, que ça vaut mieux comme ça.

Papa relevait les yeux.

— Oui, dit-il, ça vaut mieux. Et quelle leçon, ma
femme ! Quelle leçon, mes enfants ! Je jure bien
que c'est fini. Me remettre encore une fois aux mains
de ces aigrefins, de ces prêteurs, de ces voleurs, de ces
Incandas, de ces hommes de loi ! Jamais ! C'est
fini. C'est fini.

Il fit un sourire étrange. Nous étions tous, à part
Cécile, bien assez grands pour savoir que les planètes
soupirent, peut-être, dans les espaces du ciel : " C'est
fini " et qu'elles tournent quand même.

Papa répétait : " C'est fini ! " Maman dit : " Parle
plus bas. Le cercueil n'est pas fermé. Mme Wasselin
est seule. Je vais aller passer quelques heures avec
elle. Il faut qu'elle dorme un peu."

J'écoutais toute cette scène de mon lit, de ce grand
lit de bois où j'allais languir encore bien des jours et
bien des semaines dans la fièvre et l'égarement et d'où
je devais enfin sortir, un matin de l'extrême été, guéri,
guéri, pour jamais, du miracle, des prodiges et des
événements magiques.

Quelque chose, en vérité, quelque chose était fini. Un
long rêve s'achevait, ce rêve qui, pendant plus de deux
ans, nous avait dupés, perdus, rassasiés de nos faims,
désaltérés de nos soifs, repus de toutes nos disettes.

Nous repartions, brisés, déçus, saouls de fatigue et
de souffrance, mais allégés, allégés quand même.
Nous repartions pour d'autres combats que je racon-
terai plus tard, si la vie m'est conservée, avec la force
et le courage.

NOTES

P. 47. **Clovis:** Clovis I, King of the Franks (465–511).

P. 48. **et que ça ait de l'œil:** ' and (if it) looks good.'
   de quoi: *i.e., de quoi avoir l'estomac serré.*

P. 49. **le souffle court:** ' holding my breath.'
   cambuse: (popular) ' hovel.'
   ils avaient tout fait au dernier vivant: ' they had left everything to the last survivor.'

P. 51. **Honfleur:** a town at the mouth of the Seine, opposite Le Havre.

P. 52. **des répétitions de catéchisme:** private lessons in the elements of the Christian faith.

P. 54. **l'Hôtel des Ventes:** the general auction rooms in the rue Drouot, Paris IXᵉ, also known as the Hotel Drouot.

P. 58. **Lima:** the capital of Peru.

P. 60. **une encolure de taureau:** ' a neck like a bull.'
   recru: ' tired out.'

P. 63. **l'eau de Javel:** ' bleaching-water,' ' disinfectant.' The name is taken from a former village on the outskirts of Paris, now part of the XVᵉ arrondissement.

P. 64. **une boule de vent:** ' a rush of air.'

P. 65. **la première communion:** the minimum age fixed for first attending the Holy Eucharist is seven.

P. 66. **les collines illustres:** these would include Montmartre and Mont Valérien.
   réservoirs: ' storage-tanks,' probably *réservoirs à gaz,* ' gasometers.'
   la tour Eiffel: the Eiffel Tower was erected on the Champ de Mars in Paris in 1889, by the French engineer Gustave Eiffel.

P. 67. l'estuaire: the estuary of the Seine.

les enfants n'en auraient fait qu'une bouchée: ' anyway the children would have made short work of it.'

je pose zéro et je retiens tout: ' I am hanging on to this and you can whistle for the change.'

la traite Vadier: a bill of exchange, made out to Vadier ; *i.e.*, a written order from the drawer to the drawee to pay a sum on a given date to the drawer.

P. 68. Nesles: Nesles-la-Vallée, a village some twenty miles north-west of Paris, where, according to the Prologue to the *Chronique des Pasquier*, Raymond Pasquier's grandfather had been a market-gardener.

P. 69. la cour impériale: the Court of the Habsburg Empire of Austria-Hungary, in Vienna.

son nom: St Cecilia, a Roman martyr, is the patron saint of music.

" Marie Leczinska ": 1703–68, daughter of the King of Poland ; she became Queen of France on her marriage in 1725 to Louis XV.

P. 71. Au bout, le bout!: ' We'll see (in due course).'

P. 73. l'Empire: the First Empire lasted from 1804 until April 6, 1814, when the Allies entered Paris and Napoleon was forced to abdicate.   He was exiled to Elba.   Louis XVIII came to the throne, but on March 1, 1815, Napoleon landed again, and fought his last campaign, known as the ' Hundred Days,' that culminated in his defeat at Waterloo.

Notre empire à nous : the Second Empire under which M. and Mme. Pasquier were brought up ; see also note to p. 152.

Ney: Michel Ney (1769–1815), Maréchal de France, served with great distinction under Napoleon, especially in the disastrous Russian campaign of 1812.   He was condemned and shot for treason after the Restoration of the monarchy.

P. 74. Bourdon de Notre-Dame: this great bell in the south tower of Notre-Dame dates from 1686 and weighs nearly thirteen tons.   This is an exclamation coined by Madame Pasquier.

P. 75. sourire bleu-clair: ' to smile serenely,' *i.e.*, like the sun shining in a blue sky after the storm.

P. 76. Littré: Émile Littré (1801–81), who produced the celebrated *Dictionnaire de la langue française*.

mes bâtis: ' my tacking-threads.'

des pantoufles: cf. *raisonner comme une pantoufle*.

Balzac: Honoré de Balzac (1799–1850), author of
the famous series of novels grouped under the title
La Comédie humaine.   Among the most important
are : *Le Père Goriot, Eugénie Grandet, La Cousine
Bette, Le Cousin Pons, Les Illusions perdues, César
Birotteau, La Recherche de l'Absolu.*

une ample robe de bure: ' a flowing dressing-gown
of frieze,' a coarse woollen homespun cloth.   Balzac
used to wear such a garment while writing his
novels, and Rodin showed him wearing this in his
famous sculpture.

P. 78.   le terrible appel du sphinx: in Greek mythology the
Sphinx was a monster, part girl, part lion, part
eagle, which appeared near Thebes.   It stopped all
travellers on the road, asked them riddles (*le
terrible appel*), and strangled all those who failed
to solve them.   The monster destroyed itself when
Œdipus successfully guessed the riddle.

Meudon: a town in the department of Seine-et-
Oise, known for its woods, and for its seventeenth-
century *château*, now transformed into an observa-
tory.

peinte en vert d'eau: ' distempered (or painted) in
Eau-de-Nil green.'

P. 79.   le cours complémentaire de la rue Blomet: the
standard of this came between the upper forms of
an elementary school and the lower classes of a
lycée.   It approximates to a Secondary Modern
School.

P. 80.   Désiré Wasselin: Duhamel relates, in *Inventaire de
l'Abîme*, that his first friend was the son of a black-
smith, and his name was Désiré ; " et c'est en son
honneur que j'ai donné le prénom de Désiré au
personnage, entièrement inventé, du fils Wasselin,
dans *Le Notaire du Havre*."

P. 82.   le buccin: ' the trump.'

P. 83.   détergés: ' cleaned,' ' cleansed.'

P. 84.   une statue de fleuve: ' a river god.'

le Père éternel des images: ' the Eternal Father as
shown in pictures.'

P. 86.   chamailles: ' squabbles.'

P. 87.   **onychophagie :** ' nail-biting.'

P. 88.   **être à mépris:** ' to be held in contempt.'
J'en étais encore à comprendre et, déjà, . . .: ' I had
hardly grasped what had happened before . . .'
Hercule-enfant étranglant un monstre : Hercules,
a hero of Greek mythology famous for his
strength, was the son of Zeus.   His mother was
Amphitryon, wife of the King of Thebes.   Zeus's
own wife being jealous, she sent two serpents to
kill the baby Hercules in his cradle, but the infant
strangled them both with his own hands.

P. 91.   **Greuze:** Jean-Baptiste Greuze (1725–1805), noted
for his paintings of girls and women, particularly
of his wife.   The National Gallery has his " Head
of a Girl looking up."

P. 92.   **Corneille:** Pierre Corneille (1608–84), the great
seventeenth-century dramatist, whose best-known
works are the tragedies *Le Cid, Horace, Cinna,* and
Polyeucte.   The parodied line, " Il est de tout son
sang comptable à sa patrie," is from *Horace* (II, vi).

P. 95.   **Éliacin:** a character in Racine's *Athalie.*   Also
named Joas, this prince was rescued from a cruel
death, and brought up secretly in the temple by
the high-priest Joad.   The name is often applied
to a child brought up with great care.

P. 96.   **estragon:** tarragon, an aromatic herb.
Lamartine: Alphonse de Lamartine (1790–1869), a
Romantic poet, whose works include *Premières
Méditations poétiques, Nouvelles Méditations poéti-
ques, Harmonies poétiques et religieuses, Jocelyn, La
Chute d'un Ange.*
Rostand: Edmond Rostand (1868–1918), a French
dramatist, whose principal works are the famous
Cyrano de Bergerac, and *L'Aiglon.*
Courage, enfant déchu, etc. : these lines from
Lamartine's poem *L'Homme* (*Premières Médita-
tions,* 1820), addressed to Lord Byron, are quoted
in Rostand's play *L'Aiglon* (1900).
dédèche : a word coined from *déchu* and *dèche.*

P. 98.   **remugle :** ' (musty) smell.'
le " bouillon et bœuf " : butchers' shops in the
poorer districts sold the cheaper kinds of meat,
bones and offal for making soup, and inferior beef.

P. 99.   **au fil paisible, etc.** : ‘ in the peaceful flow of our Rue Vandamme.’   Here Duhamel is adapting to the street an expression usually connected with a stream or river.

la Gaîté : the Théâtre Gaîté-Montparnasse stands in the Rue de la Gaîté.

bat-flanc (invariable in plural) : a swinging bale in a horse stall, used to separate two horses.

P. 100. **à dents** : ‘ spiked.’

P. 102. **la vésanie** : ‘ insanity.’

P. 103. **le prénom** : Anatole.

M. France : Jacques Antoine Anatole Thibault (1844–1924) wrote under the *nom de plume* of Anatole France.   Among his novels may be mentioned *Le Crime de Sylvestre Bonnard, La Rôtisserie de la Reine Pédauque, Le Lys rouge, Les Dieux ont soif, La Révolte des Anges.*

selon tous les méridiens : ‘ in every direction.’

P. 104. **un filet-front** : ‘ a hair-net.’

P. 105. **loyer** : (archaic) ‘ wage,’ hence ‘ reward.’

P. 106. **onirologie** : ‘ the science of dreams.’

de compagnie : ‘ in company,’ ‘ in common.’

P. 107. **pléonasme** : redundancy of language ; the use of more words than are necessary to express the bare idea.

P. 109. **l’élévation** : the elevation of the Host during Mass.

scissiparité : fissiparity ; biological reproduction by fission.

rêvogène : a coined word, meaning ‘ productive of dreams.’

P. 110. **refusât** : in general, *il arrive que* is followed by the indicative where the fact is presented as already accomplished, otherwise by the subjunctive ; here the subjunctive may be attributed to the indefiniteness of the occasions in question.

l’Exposition : the international exhibition held in Paris in 1889.

P. 111. **cuver** : ‘ to work off,’ ‘ to allow to simmer down.’

P. 112. **désembourbé** : ‘ roused from its stupor.’

Quelquefois que . . . : a popular phrase meaning ‘ it may have come, you never know.’

P. 114. **Schopenhauer** : Arthur Schopenhauer (1788–1860) was a German philosopher whose fame rests on his

influential work *Die Welt als Wille und Vorstellung.*
diffluent : ' flabby.'

P. 115. **mal rompu** : ' inexperienced.'

P. 120. **telle une** : *tel qu'une* would be more normal usage.
une fougasse : ' a mine.'
la Légion d'honneur : an order instituted by
Napoleon in 1802 to reward distinguished military
and civil services.

P. 122. **le tiqueur** : here, one who has *un tic.*

P. 124. **" en casque "** : here the meaning is that the
greased hair was polished until it looked almost
like a close-fitting helmet.

P. 125. **la sérénade à Marguerite** : from Gounod's opera,
Faust.
la Sonate à Kreutzer : Beethoven dedicated his
Opus 47, a sonata for violin and piano, to Rodolphe
Kreutzer (1766–1831), a distinguished violinist.
The work is known as the ' Kreutzer Sonata.'
se gargariser : here, ' to revel (in).'
l'ut de poitrine : ' top C.'

P. 127. **friable** : here, ' fragile.'

P. 129. **catéchumène** : ' catechumen,' a convert to Christianity receiving elementary instruction in the faith.
la chanson : a facetious way of referring to the
Beatitudes (St Matthew V, 3–12).
si vous pensez que ça peut lui faire une belle jambe :
' if you think he will be any better off for it.'
le repas de communion : the luncheon given by the
family after the religious ceremony.

P. 131. **du temps qui coule** : ' of time passing.'

P. 134. **une maison de commission** : a firm of commission
agents.

P. 135. **toquer** : ' to knock, tap.'

P. 136. **le certificat** : the *certificat d'études* awarded to a
pupil in the *école primaire* at the end of his course.
sibylline : ' cryptic.'

P. 138. **faire couler** : ' to wash.'

P. 147. **à l'essor** : ' flown ' (on their way to school).

P. 149. **Bernard Palissy** : (1510?–89?) a French scientist,
potter and enameller, whose ornamented earthen-
ware vases are famous.   Palissy persevered in his
art, undaunted by the burning of his furniture and
floors in the process of experimenting.

P. 151. **il va toucher gros** : ' he will make a big profit.'
la **Rivière-Saint-Sauveur** : a small town near Lisieux and the Seine estuary.
ulcérée : ' in holes.'

P. 152. **nous avons voix au chapitre** : ' we have a say in the matter.'
le second Empire : this began in 1852 when Louis Napoleon was proclaimed Emperor under the title of Napoleon III, and lasted until the defeat of France by Prussia in 1870.

P. 154. **Nietzsche** : Friedrich Wilhelm Nietzsche (1844–1900), a German philosopher and poet, whose best-known work is *Also sprach Zarathustra*, and whose political outlook was one of extreme hostility to the doctrine of state supremacy. Perhaps the most eminent of the nineteenth-century individualists who in this respect might be regarded as his precursors was Herbert Spencer (1820–1903).

P. 156. **notariales** : *de notaire.*

P. 157. " **Amicale des locataires** " : ' tenants' association.'
en bâtarde : ' in slanting writing.'

P. 161. **cuit à la bordelaise** : cooked with garlic, thyme, and wine.

P. 165. **le Havrais** : ' the man from Le Havre.'

P. 166. **argent de suite** : ' immediate cash.'

P. 175. **l'œil noir** : ' with a black look.'
le coup de maillet : a mallet used for slaughtering animals : ' pole-axe.'
un fruit sec : (colloquial) a student who has failed.

P. 180. **la brousse parisienne** : ' the Paris jungle.'

P. 182. **Ce n'est pas à huit jours près** : ' a week won't make any difference.'
pointait des noms : ' ticked off (horses') names.'

P. 183. **valeurs à lots** : ' lottery bonds,' ' prize bonds.'

P. 185. **près de leurs sous** : ' tight with their money.'

P. 188. **fraction Lima** : ' the portion from Lima.'

P. 189. **un noir-deuil** : ' a funereal black.'
patchouli : an Indian perfume.
peau d'Espagne : Larousse defines this as " fragments menus de peau parfumée."

P. 190. **l'œil lointain** : ' a far-away expression in his eyes.'

P. 192. **la Caisse d'Épargne** : a system of small savings, not unlike the Post Office Savings Bank.

P. 201. **Orphée, le chanteur thrace** : Orpheus, the poet and musician of Greek mythology, fascinated the plants, animals, and rocks with his singing. Thrace lay to the north of Greece, between the Danube and the Aegean Sea, where Bulgaria is today.

P. 203. **nous cacher de tout** : ' hiding (from our creditors) everything we did (bought).'

P. 206. **vers la mi-nuit** : ' about the middle of the night.'

P. 208. **la fête nationale** : July 14. This annual holiday celebrates the taking of the Bastille, the state prison in Paris, by the people of the French capital on July 14, 1789, on the outbreak of the French Revolution.

à l'école : hence it must have been before July 14, when the holidays begin.

des envols de piston : a mocking description of the *cornet de piston* and the musical sounds it produces.

des gloussements d'ophicléides : the ophicleide is a keyed brass wind-instrument. Here Duhamel is evoking the clucking sounds of a brass band.

P. 212. **l'illustre gentilhomme de la Manche** : Don Quixote of la Mancha, the central figure of Cervantes' masterpiece.

les pattes en cerceau : ' bow-legged.'

P. 213. **vous vous offrez de** : ' you have treated yourself to (the luxury of) . . .'

P. 214. **" Et moi aussi, je suis peintre! "** : Italian *anch'io sono pittore!* an exclamation attributed to Correggio on first seeing Raphael's painting of St Cecilia.

doublé de : ' coupled with.'

P. 215. **Jupiter** : the father of the gods in classical mythology, he was associated especially with thunder, lightning, and rain.

P. 218. **Cusco** : a town in Peru.

Boileau-Despréaux : Nicolas Boileau-Despréaux (1636–1711) was the author of *Satires*, *Épîtres*, *L'Art poétique*, *Le Lutrin*.

" le bonheur tant cherché, etc. " : the quotation is from Boileau's *Épître V*, written and published in 1674.